俳優 原田芳雄

『赤い鳥逃げた?』撮影現場で。
藤田敏八監督(右上)と

『ニワトリはハダシだ』撮影現場で。森﨑東監督（右）と

『赤い鳥逃げた?』撮影現場で。
右から原田芳雄、藤田敏八監督、桃井かおり、大門正明

目次

II

III

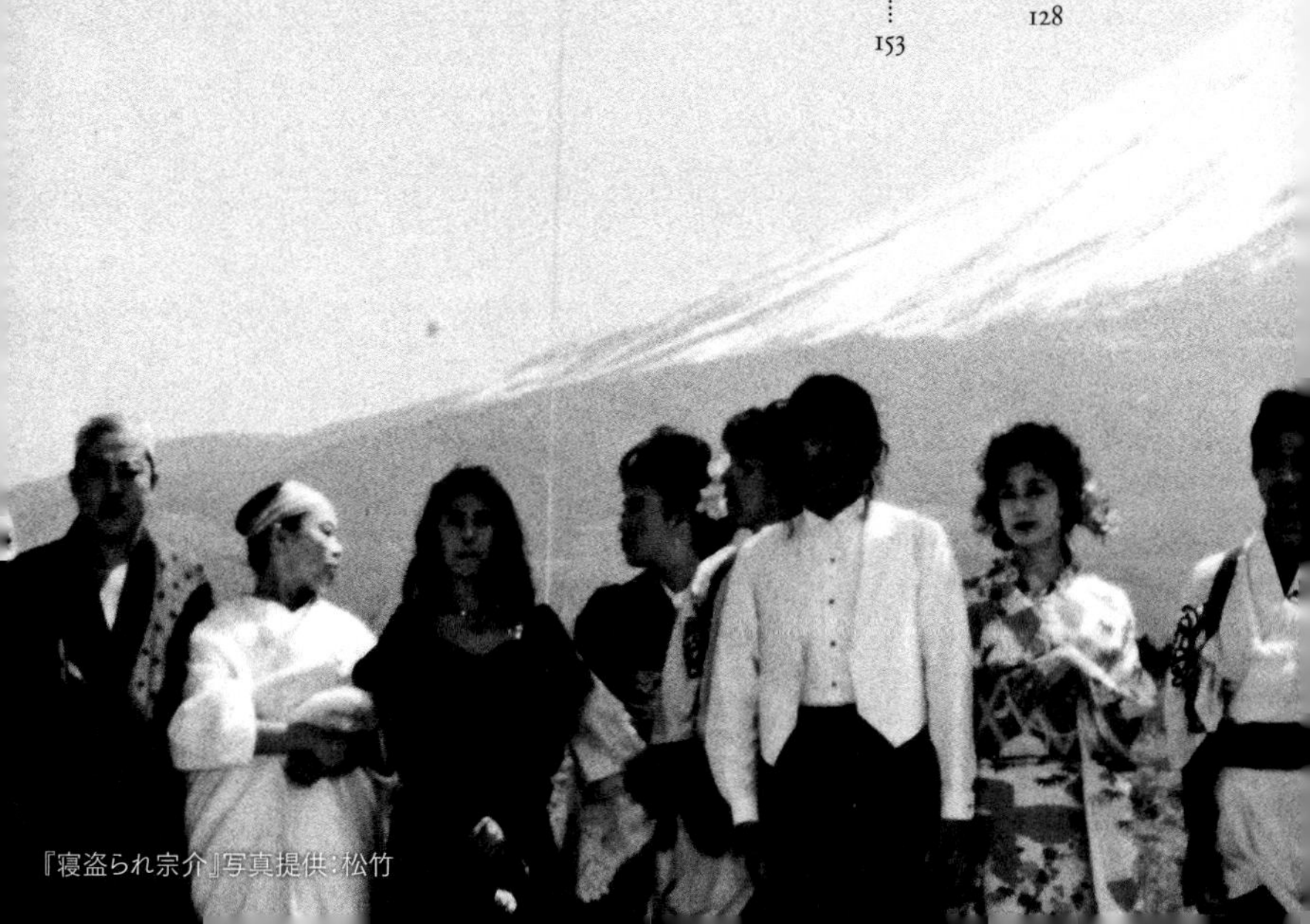

『寝盗られ宗介』写真提供：松竹

座長

『寝盗られ宗介』写真提供：松竹

まえがき

時雨ふるや六本木の夜の想ひ出の

出会いは一九六八年。二〇一一年七月十九日に没するまで四十三年間、原田芳雄は表方、私は裏方として、常に五分と五分の対として過し、人に云うとお笑いになる方もいらっしゃいましたが、私としては時に闘いだと思っておりました。

没後、いろいろなお話をいただきましたが、出演した作品を観ていただければ十分で、裏の者が越境することは恥しいことと差し控えたままでいるつもりでした。

原田芳雄は時代の後ろ楯を得て役者として羽ばたく多くの現場をいただきました。

俳優座を経て、撮影所の崩壊前の混乱期、テレビは野球中継車を借りて初めてスタジオを出てロケが出来るようになった、そういう時代を体ごと探りつつ作品に取り組みました。原田と前後してその時代を共有した多くの敬愛する監督さん、俳優さん達が鬼籍に入られて、ほんとうに一つの時代が終ったという実感で、感慨深いものでした。

けれど、近頃新しい監督、脚本家、これまでにない感性の俳優さんが出ていらして、ちょっとミーハーなファン気分で嬉しいのです。その方々は原田芳雄のいた時代のことを、どの様に思われるかしら。

現場や初号でしばしばお会いした山根貞男さん、キネマ旬報社からの強い御要望にふと魔がさしたのはそのせいかもしれません。

どうしても自分だけでは身のおき所がないので、今まで一切の取材を受けられたことのないカメラマンの鈴木達夫さんに懇願し、不承不承ながらお連れになっていただきました。

盟友の石橋蓮司さん、
天才アラーキーさん、ありがとうございました。

深く感謝いたします。

天上のかけ橋遠し星祭

令和元年十二月二十八日

原田章代

『どついたるねん』
写真提供:リトルモア

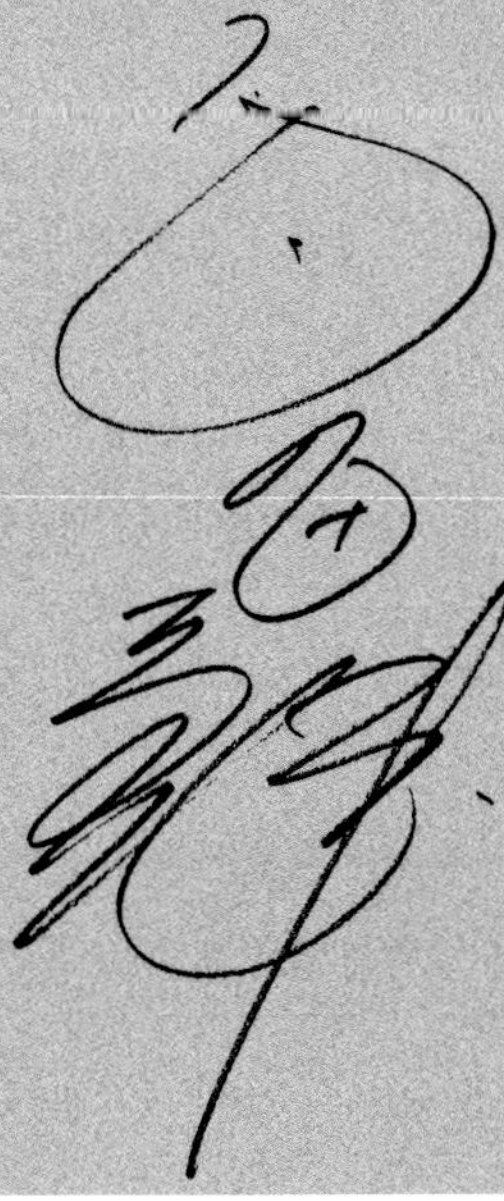

原田芳雄……はらだ・よしお

1940年2月29日、東京府東京市足立区（現：東京都足立区）生まれ。本所工業高校卒業後、銀座にある会社に就職する（1年半で退社）傍ら、俳優座養成所（14期）に入る。15期にて卒業後、俳優座劇団員に。 1967年、テレビ『天下の青年』でデビュー、翌68年に『復讐の歌が聞える』で映画デビューを果たし、主演作『反逆のメロディー』（70）で型破りのアンチヒーロー像を確立して人気を博す。71年に俳優座を退座し独立。以降、藤田敏八、黒木和雄、鈴木清順、森崎東、若松孝二、阪本順治らの映画、石橋冠らのテレビドラマで独特の存在感を発揮。後進の俳優たちにも多くの影響を与えた。出演映画、テレビドラマともに130本を超える。またミュージシャンとしても活躍。鉄道ファンとしても知られた。 2011年7月19日肺炎のため死去、公開中だった主演作『大鹿村騒動記』が遺作となった。享年71。 1975年にキネマ旬報ベスト・テン助演男優賞、92年と00年、11年に同主演男優賞を受賞。他、数多くの映画賞を受賞。

大鹿ジビエの店
ディア・イーター
鹿肉カレー
鹿肉ハンバーグ
鹿肉のワイン煮込み

I

原田芳雄との日々

原田章代　聞き手＝山根貞男

『大鹿村騒動記』
クランクアップ時の集合記念撮影

第一章　出会いから混沌の時代へ

狂ったっていいんじゃないの

――原田芳雄さんとはどういうことで知り合ったのですか。

章代　たぶんあれが最初だと思うんですけど、芳雄が俳優座で清水邦夫さんの『狂人なおもて往生をとぐ』という芝居の主役をやって、稽古に入っていたときに、知り合ったんです。私、俳優座の製作部にいましたから。そのときに、芳雄が「狂人の役だから、頭がこんがらがって狂いそうだ」と言ったんですよ。で、私が「狂ったっていいんじゃないの」って言ったの。それを聞いて、すごく楽になったんだと思う。その言葉が効いたんだと思うんです、芳雄に。

――凄い言葉ですよ。

章代　ちょうど、ほら、東大闘争の頃ですもんね。

――劇団俳優座の『狂人なおもて往生をとぐ』の初演は一九六九年三月で、全共闘運動の真っ最中です。東大安田講堂の攻防戦が直前の一月ですから。

章代　そんな頃だから、こんがらがっちゃってたでしょう、いろんなものが。私もこんがらがっちゃってるし、芳雄も俳優座にいながらこの俳優座にいていいんだろうかという時期ですから。すべての価値が狂っちゃってた。

――章代さんは製作担当だったんですね。

章代　製作といっても、入って二年目くらいで、切符を売ったりする仕事ですけどね。

――役の芳雄さんがそんな若い女性に相談した。

章代　相談じゃなくて、その頃、俳優座の中でパーティをよくやってたんですよ、忘年会とかクリスマスパーティとか。そういうときに飲んでて話したんです。

――狂人の役を演じることについて。

章代　ええ、私も言ったことはよく覚えてます、自分でも。

――じゃあ、お互いに決めの言葉だった。

章代　そうかもしれません(笑)。たぶんあの言葉のことだろうと思う。だいぶ後に、人伝に聞いたのですが、週刊誌で、私とのことを聞かれたとき、あまりプライベートなことはしゃべらないんですけど、「後ろから袈裟懸けをされたような出会いだった」と言ったらしい。

――不意打ちだったんですね。

章代　そのあと、一緒になったばっかりの頃に芳雄が「あなたの手の平の中で転がしてほしい」と言ったんです。すっかり忘れていましたけど、最近ふと思い出しました。

――それも凄い言葉です。

章代　だから、私も、へぇーって。まあ、いまから考えると、若いから。芳雄が三十歳のときに一緒になってますから。

俳優座にいられなくなった

――章代さんは演劇志望だったんですか。

章代　早稲田の劇研にいたんです、演劇研究会。製作をやってた。岡山生まれで、地元にいると、短大かなんかに行かされて結婚させられるのが厭だったから、とにかく東京に出ようと思って、早稲田に入ったんです。

――で、俳優座へ。

章代　本当は出版社に行きたかったんですけど、その頃、出版関係はぜんぜん女を採らなくて。芝居に未練もあったんです。そしたら、出来上がったばかりの国立劇場と俳優座との両方に話があって、俳優座のほうが面白そうだからと俳優座に入った。芝居に関わっていたかったんですよ。

――役者もやるんですか。

章代　いえいえ、製作です。役者はあんまりやろうと思ってなかった。

――で、芳雄さんと知り合って結婚し、辞めたわけですね。

章代　ええ、子どもが出来ちゃったから。

――長男の喧太さん。

章代　入籍して喧太が生まれたのは一九七〇年。これを話すと、喧太はすごく怒るんですけど、芳雄は「三十を過ぎたら死ぬ」と思ってて「地球に残しておきたい」みたいなことを言ったの。

――自分の子どもを？

章代　そう。それで騙されたの、私(笑)。エーッと思ってたら、出来ちゃって。その前には「僕は一回も出来たことがない」と言うので、私も仕事したかったし、そんなことを考えなかった。で、妊娠したら、「自分の母親に育てさせるから」と言うので、それならまあいいかと思ってたら、生まれたとたん、「明治時代の女にこれからの子どもを育てさせるわけにいかない」って。エッ!?って(笑)。

――俳優座を辞めるつもりはなかったんですね。

章代　私はまだいるつもりだったんです。部長に交渉して、一年くらいの育児休暇みたいなものをいただき、給料も少しもらって、また戻るつもりだったんです。そうこうしてるうちに、芳雄が俳優座を出ちゃった。中村敦夫さん、市原悦子さんらと一緒に。反乱組といわれる人たちです。『はんらん狂騒曲』で退団したから。

――公演は一九七一年七月。菅孝行の作で、演出は中村敦夫。

章代　初め菅さんが演出だったんですが、降りられて、敦夫さんになった。唐十郎さんたち唐組が総出で見にいらっしゃいました。

――『はんらん狂騒曲』は自主公演だったそうですね。

章代　俳優座にいたわけですけど、中村さん、塩見哲さん（市原さんのご主人）はずいぶん試行錯誤されていました。それで、俳優座で別に自分たちで公演したんです。で、それが終ったあと、退団した。

――芳雄さんは以前から俳優座にいることに疑問を感じていたのですか。

章代　意識化されないものの、自分の中で居心地の悪さを感じていたのだと思います。俳優座の芝居の作り方、演技の仕方と乖離してしまったから、もう出来なくなるわけです。養成所時代、千田是也さんに「汚い」って言われたそうですから（笑）。

――「汚い」とはねえ（笑）。

章代　もともとが俳優座に合うような芝居の質じゃなかったのかもしれませんが、たまたま残っちゃって『狂人なおもて往生をとぐ』とか『あなた自身のためのレッスン』（一九七〇年）をやっているときに、唐さんとか寺山修司さんとかが出てくるわけじゃないですか。で、見にいくと、自分はこれでいいんだろうかと。世間は東大闘争で、全部ひっくり返るわけですからね。それで刺激されて、もう俳優座にはいられないなと。反乱組が退団する前にやめました。

――劇団のほうはどう思っていたんでしょう。

章代　映画放送部としてはわかってたと思いますね、芳雄の資質を。もう何年もいるわけだから、自分たちの思うように売りたいと思っても、その方向には行かないだろうという性格はわかっていました。普通のプロダクションじゃなくて劇団のプロダクションで、商業的なプロダクションとは違いますからね。

移動演劇の頃

――芳雄さんは一九七一年に『岩見重太郎』という演劇をやっていますね。

章代　移動演劇というか、街頭芝居です。俳優座を出たあと、映画も面白かったけれども、やっぱり芝居が面白くて。最初はちゃんとした演出家がいたんですけど、その人が抜けちゃって、芳雄が演出もしたんです。『岩見重太郎』がそうです。

――どこでやるんですか。

章代　神社の境内を借りてとか、浜辺に行ってやったりとか。車を借りて行ってね、そこで練り歩いて宣伝して。

――まさに田舎芝居ですね。メンバーは?

章代　阿藤海さんとか石井愃一さんとか。野外だから、声が通らなくて大変なんです。浜辺なんかだと、海へ入っちゃうんだから(笑)。阿藤海さんなんかはワルモノ役だから、その辺の子に石を投げられたりして(笑)。

――入場料は？

章代　投げ銭ですね（笑）。『岩見重太郎』は三里塚幻野祭も行きましたよ。

――一九七一年八月、空港反対闘争中の千葉県成田の三里塚で催されたお祭。

章代　三里塚幻野祭でやって、また次の場所へ移る。もう喧太がいたから、一緒に連れていってましたよ。お金がなくて大変で、一年ちょっとで止めました。

――みんな食うのに困っていたんでしょうね。

章代　その人たちが毎日毎日来るわけですよ、うちに。私はみんなのご飯を作って、その頃、阿藤海と二人で下北沢に買い出しに行くんですけど、大量だから、どうも私と阿藤海はお店をやってる人だと思われた、市場の人に。六帖と三帖で、その頃はスポック博士の育児書方式だったので、奥の六帖を喧太用。手前の三帖に、お昼過ぎくらいから来て晩までいるんです、みんな（笑）。

――そういうときの芳雄さんは……。

章代　楽しかったと思います、みんなでいるのが。座長みたいなものだったから。こういうことはあったみたいですよ、小さいときに疎開してたでしょう。お母さんのきょうだいがみんな子どもを連れてきていたから、集団生活をしてるんですよ。それは懐かしかったんじゃないですかね。で、「家の中の家出」が好きだった。みんながワーワー言ってるときに、自分がポンと違うことを考えるのが好きで、それが出来るの。

――みんなと一緒にいるのを楽しみながら、独りにもなる。

章代　私なんか出来ませんけどね、そんな器用なことは。ただ、私もわりあい人がたくさん来てた実家だったんで、人が来てても厭ではなかったんですよ。

群れない

――反乱組との交流はなかったんですか。

章代　最初、市原悦子さんの夫で演出家の塩見哲さんを中心に、市原さん、敦夫さん、芳雄らが塩見事務所を作ってやってたんです。そのうちに芳雄は、どうもみんなと合わない、と。みんなと一緒にやるのが好きじゃないんですね。それで自分だけ事務所を出ちゃって、友人の夏文彦さんにマネージャーを頼んだら「三年三月三日だけならやる」ということで、自宅に電話を引いて事務所を作ったんです。ちょうど娘の麻由が生まれた頃で、私はその面倒をみながらデスクの仕事をした。富家事務所です。

――俳優座養成所の元同期生とは？

章代　芳雄は十四期で入って、授業料が払えなくて一年休団したから十五期で出てるんですけど、養成所で知り合った斎藤憐さんとか串田和美さんとかが一九六六年に自由劇場を作ったでしょう。そのときに芳雄も誘われたらしいんだけど、自分は残ると。まだ俳優座を信用していたみたい。

――でも、結局は俳優座を出た。

章代　だけれど、反乱組で出ても、みんなとずっと一緒にいるのはいやだから、自分は抜ける。あとさき考えないで、じゃあ自分の世話は誰がするのかって考えないで、とにかく出ちゃう。離れる。そのままずっといると飽きちゃうのか、独りになりたいって思うんですよね、きっと。群れない(笑)。

――自分に寄ってくる者はいいんでしょう?

章代　それはいいんですよね。だいたいうちに来る人でも、来て波長が合わない人は来なくなりますよ。ここにいたら危ないと思うんでしょう、きっと(笑)。不真面目になる、みたいなね。真面目な人は来ないです(笑)。

――友だちは少ないんですか。

章代　そういえば、芳雄って意外に俳優仲間に友だちがいないですよ。俳優座時代のお友だちで同窓会をするときには行きますけど、普段はそんなに……。ずっと若いときには時々電話してみたり飲みに行ったりしてましたけど、あんまりないですね。

――中村敦夫なんて人とも。

章代　敦夫さんとは、一緒に俳優座から出た頃は日常的にすごく仲良くしていましたが、塩見事務所を辞めてからは疎遠になりました。

――やっぱり群れない人なんだ。

章代　そう、群れないですね。同期の地井武男さんとかも、若い時はうちに遊びにきたりしてましたけど、後半は全然お付き合いしてないし。だから、長年ずーっと常に会うっていう人はいないですね。まあ、桃井かおりさんとはずっとコンスタントに親しくしていて、松田優作さんと三人は前世の縁があるといって月一くらいで飲みにいってました。

――人見知りが強いタイプなんですか。

章代　あんまりバカみたいに信用しませんね、人を。人見知り強いほうです(笑)。私には「お前はほんとに人が悪い」と言いましたけどね。いや、「人が悪い」じゃなくて、「性格が悪い」って言ってました。私にしてみれば、よっぽどそちらさまのほうがそうですけど、ってな感じですけど(笑)。

――みんなと楽しそうに見えても、無理しているんですか。

章代　それはないんですよ。ものすごく素直なところもあるので。ただ、さっき言ったように、「家の中の家出」をするわけです。みんなとワーッと話をしても自分だけポーンと違う世界に行ってしまう、で、また戻ってくる、みたいなことができるから、人が来てても厭にはならないんでしょう。群れないけど、人恋しいって感じですかねえ。

俺はどこにいるんだろう

――他人との付き合い方が独特なんですね。

章代　ある程度、好き嫌いが激しいところもあったんだと思います。誰とでも仲良くしたいわけではないので。ただ、たとえば飲みに行くにしても、そこへ行くと誰かが偶然いたら楽しいというのが好きなんです。約束して行くのじゃなくて。だから、「ホワイト」なんかだと、行ったらあの人に会えて嬉しかった、みたいな。

――ホワイトは四谷のバーで、のちに六本木に移転しますが、そういう店はほかにも？

章代　いえ、ないです。ホワイトくらいで。同じとこへ行くのは嫌いなんですけど、ホワイトは行けば誰かがいるからって。だから、探すのが簡単なんですよ。一本電話すれば済む。ホワイトにいなくても、二、三軒電話すれば、すぐつかまる。

――所在不明にはならない。

章代　でも、あるとき可笑しかったのは、夜、新しいお店を開拓すると言って一人で飲みに行って、帰ってこないんですよ。そしたら、朝方電話がかかってきて、「どこにいるんだろう、俺は」と言うんです。「エエッ？」って(笑)。「何が見えるの？」と聞くと、どうたらこうたらって言うから、ああそれなら四谷のあの辺だわと見当がついた。そこで飲んでいて出てきたら、近くで事故があったらしいの、車か何かの。で、自分が関わってるかどうか不安になって、私に電話してきて「俺は今どこにいるんだろう」と。

――それは可笑しい(笑)。

章代　酔っぱらって、わかんなくなっちゃった。行きつけの店じゃなく、新しいとこを開拓しに行って失敗して、以後やめちゃった。昔はね、知らない店にふらっと入って一人で飲むのが好きだったらしいです。そのうち、ホワイトならホワイトに決まっちゃったわけですよ。そうすると、それがつまんないので、ちょっと新しいとこを開拓してみると言って、行ったら、自分がどこにいるかわかんなくなっちゃう。それでやめました(笑)。朝電話してきて「どこにいるんだろう」って。バカでしょ(笑)。

――なんと答えていいのか困りますよ(笑)。

章代　だから「何が見えるのよ」と言ったら、あれこれ言うのを聞いて、どこの飲み屋かわかんないですけど、たまたま四谷の知ってる場所だった。で、「いいからタクシーで帰ってくれれば」と言ったら「そうだね」って。

――ふらっと行くのがもともと好きだったけれど、そのときは事故の現場に出くわしちゃった。

章代　そうそう。まあ私と一緒になってからは、そんなにあちこち、くるくるとは行きませんでした。ですから、ギャラがあるような、ないような映画に出ることが多くても暮らしてこれたのです。まあ、まったく最後まで自分のギャラには無関心で知らなかったようですね。

――いつも何か違うことをやりたいんですね。

章代　ええ。常に違うことに興味を持つ。そういう性格だから俳優になれたんでしょうね。違うことをやりたい、違うことをやりたい、と。

――自分は自分だけれど……。

章代　別の人間になりたいって思っている。昔サラリーマンをやったけれども、毎日会社へ行けなかったらしいですからね、しょうがないです。一年位で円満退社して。ほかのことでは食べていけないわけ。自分でないものになれるのが嬉しいんですよ、きっと。

テレビへ、映画へ

――芳雄さんがテレビや映画に出始めるのは俳優座時代ですね。テレビで最初に主役をやられたのが一九六七年の『天下の青年』。映画デビュー作は主演を務めた六八年の『復讐の歌が聞える』。

章代　その頃、私はまだ俳優座に入っていないので、見ていません。『復讐の歌が聞える』はあとで見ましたが、監督が二人だから、訳がわからないというか、何かすっきりしていないと言ってました。

――僕は六八年のテレビ時代劇『十一番目の志士』を見て、主人公を追う土方歳三に魅せられ、芳雄さんの名を知ったんです。で、『復讐の歌が聞える』の封切に駆けつけた

んですが、映画は期待外れでした。

章代　テレビの『十一番目の志士』も見てなくて、私が知っているのは『五番目の刑事』からです。これは最初から一緒にいました。

――六九年の連続テレビドラマ。

章代　テレビの場合は、俳優座の映画放送部としてはもう有無を言わせずって感じでね。借金も溜まってるし。給料というか、毎月もらえるのが五千円で、それも借金にとられてしまうわけです。それでも、結構あったオファーを断わり続けて。だけど、にっちもさっちも行かなくなって出るんです。

――『天下の青年』は柔道を身につけた青年教師が、岡山の中学校に赴任して、数々の事件を解決するという連続ドラマ。

章代　あんまり語らないですね、本人は。あの頃は好青年が流行ってる時期で、俳優座はそういうイメージで売り出したかったんですよ。ただ、本人は厭だったらしい。私もスチールを見て「どうしたの？」という印象です。桃井かおりさんがあのドラマをお風呂に入っているとき、偶々見て、おぼれそうになったと言っていました。

『復讐の歌が聞える』写真提供：松竹　東野英治郎(右)と

――だけど、借金があるから……。

章代　給料のベースが五千円で、舞台をやるとギャラが出る。地方公演に行くと、またもらえるんですけど、厭だから基本的に行かない。そうすると、五千円でしょう。本とかいっぱい買うんですよ、ツケで。だから、実家にいたし、私の給料で食べてました、一等最初。経理の方が、給料袋が空ではあんまりだというので五円玉を入れてくれていた。

――なぜ地方巡業は厭なんですか。

章代　だって、いちばん下っ端だから、大変ですからね。地方公演では生活費も要らないわけで、同期の人は結構行ってましたけど、芳雄は、あ、行ってる行ってる、と言ってましたよ。だから、正直手を焼いていましたよね、映画放送部も。

――演じることは厭じゃないんでしょう？

章代　芝居をやりたかったんです。でも生活しなくてはいけないので、『五番目の刑事』は、ジーパンを履いた刑事がジープを乗り回してというのが気に入った。それまでの刑事ものとは、キャラクターも作品自体のイメージも違うわけです。製作会社は東映で。

――一九六九年から七〇年にかけて僕も毎回楽しみに見ていました。芳雄さんが主役の集団劇で、『太陽にほえろ！』の登場が七二年ですから、その先駆けです。

章代　芳雄は一度、京都で倒れたことがあるんですけれど、たしか『五番目の刑事』に出てたときですね。けっこうハードスケジュールでしたから。連ドラの撮影のあいだを縫って京都に行って、あまり忙しくて過労で倒れたんです。そう、再演の『狂人なおもて往生をとぐ』の京都公演のとき。舞台は中断できないから、幕間を伸ばした。それがトラウマになっちゃったんです。その後も演劇はやりましたけれど、また倒れるんではないかと怖かったみたい。だから、街頭芝居をやって、あともう一回だけ、深尾道典さん作の『蛇海』(七二年)を最後に、ずいぶんオファーはいただきましたが、舞台は出なくなったんです。

――**俳優座退団の前後は混沌の時代だったんですね。**

章代　ＮＨＫの『春の坂道』に出たあと、退団したんです。

――**九七一年の大河ドラマで、中村錦之助が柳生宗矩、芳雄さんは柳生十兵衛。**

章代　年間続くから、その撮影を終えたあとですね。ＮＨＫのスタジオに下駄を履いて行きましたね。うちから歩いて。ＮＨＫの反感を買おうとして(笑)。

第二章　日本映画の激動の真っ只中へ

『反逆のメロディー』に主演

――芳雄さんは一九七〇年の『反逆のメロディー』で本格的に映画俳優としてのスタートを切ります。まだ俳優座にいた頃ですが。

章代　最初は出演を断わるつもりだったんですよ。俳優座としては借金はあるし、芳雄を売り出したいわけです、映画放送部は。だけど、芳雄はやりたくないんですね、仕事は。で、俳優座の近くの喫茶店で監督に会うのにブルージーンズを着ていき、「このままでいいんだったらやる」と言えば絶対断わる……と思ったら、「それでいいです」と言われちゃった。それでやることになったんです(笑)。

――澤田幸弘監督はエライ(笑)。

章代　それで、日活の撮影所へ行ってみたら、めちゃめちゃ面白かった、現場が。たちまち映画にハマっちゃったんですよ。

――芳雄さんとしては、当時、俳優座を出たかったけれど、俳優座的なものではない演劇がやりたかったんですね。

章代　そうです、芝居をやりたかった。でも、日活の現場が予想しないほど面白かったんです。芳雄が言っていたのは、『反逆のメロディー』って日活の撮影所の変わり目の映画でしょう。で、本人は撮影所育ちじゃないわけですよ。そのあと、東宝にしても松竹にしても、何か撮影所が変わるとき、変動があるときにしか、自分の出番がない、と。

――『反逆のメロディー』など日活ニューアクションがつくられたのは、一九六〇年代の石原裕次郎や小林旭らの主演作が観客を呼べなくなったからです。

章代　芳雄は、そういうときになると役が回ってくるって(笑)。

――一九七六年の『やさぐれ刑事』『反逆の旅』も、松竹が何をやっても当たらないという混迷期につくった。

章代　『無宿人御子神の丈吉』三部作、あの任侠時代劇だって、東宝らしくないですよね。東宝の本筋とはちょっと離れていて。

――七二年、七三年と、三本のシリーズになるんですが、あの頃、東宝は自社製作が少なくなっていた。三本続いたのは、

『反逆のメロディー』©日活

当たったからでしょう。

章代　あんまり当たらなかったんですよね。そのときは常に当たらないの、芳雄の映画は。あとから火が点く、みたいな。最初からワーワー評判になるのは、あまりなかったですよ。『君よ憤怒の河を渉れ』は例外ですけど、高倉健さんが主役ですから。

――一九七六年の映画で大ヒットした。

章代　『反逆のメロディー』なんて、最初の公開のときは、客が二、三人とか。あとになるとウワーッとお客さんが入ったみたいですけど。

自分は弟でいたい

――日活の二本目が同じ七〇年の『新宿アウトロー　ぶっ飛ばせ』。これで藤田敏八監督と出会うわけですが、渡哲也と初めて共演する。

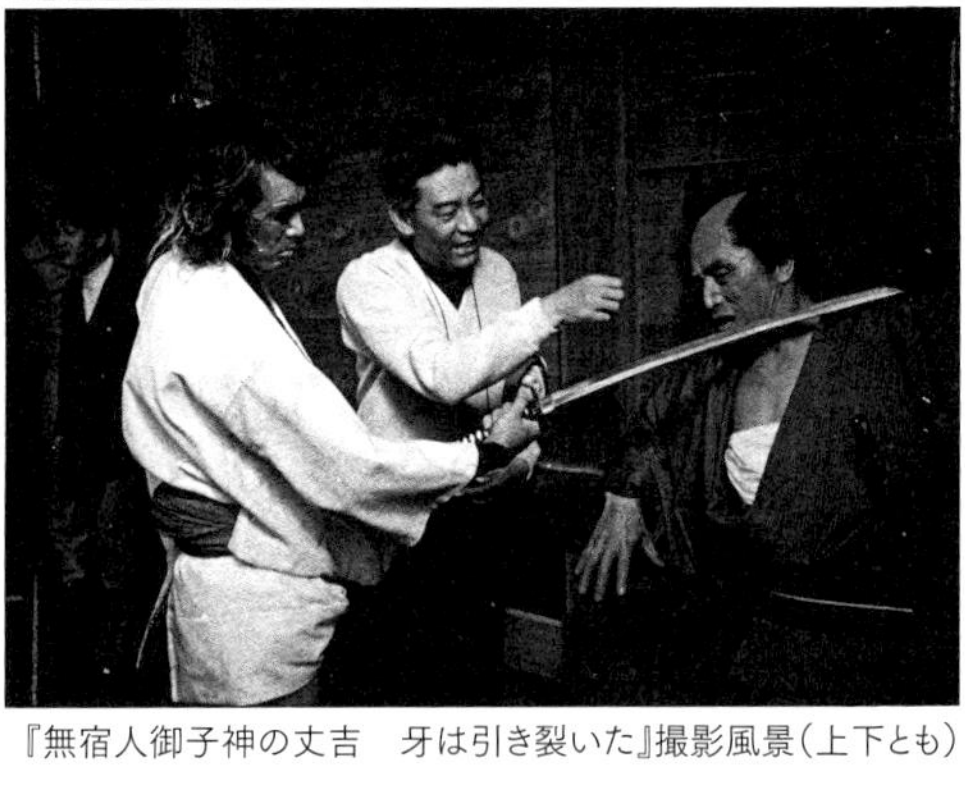
『無宿人御子神の丈吉　牙は引き裂いた』撮影風景（上下とも）

章代　渡さんのことをすごいと思ってましたね。歳もほぼ同じで、とても仲良しになって。

――芳雄さんは一九四〇年生まれで、渡哲也は一九四一年。

章代　歳は上なのですが、芳雄は常に弟の立場っていうのにこだわってました。「兄にはなりたくない」っていうのがあって。渡さんはすでにスターだったから、芳雄は弟をやれたわけですよ、渡さんの。

――『新宿アウトロー　ぶっ飛ばせ』での二人の関係がそんな感じになっています。

章代　そうそう。自分が兄貴になっちゃうと、しんどいから、好きなことができないから、兄にはなりたくないと言ってました。だから、渡さんと仲良くなって、「テツと呼んでくれ」って言われても、「とんでもない、テツなんて呼べません」（笑）。やっぱり兄貴でいてほしいんですよ、渡さんに。だから、少しあとの話ですけど、松田優作には困っちゃう。弟だから。

――どう見ても弟だから、「優作」と呼ぶしかない。そういえば、石原裕次郎は渡哲也のことを「テツ」って呼んでましたよね。

章代　そう。渡さんはそうなりたかったようですが、芳雄はそう

『新宿アウトロー　ぶっ飛ばせ』撮影現場で。左より渡哲也、原田芳雄、藤田敏八監督

なると窮屈だから「結構です」って（笑）。

――**松田優作からは「兄貴」って呼ばれた。**

章代　「兄貴」って懐かれて「困ったもんだ」（笑）、でも「しょうがない」って。

――**『反逆のメロディー』は主役で、つぎの『新宿アウトロー　ぶっとばせ』では渡哲也と二人で主役。日活三本目の『野良猫ロック　暴走集団'71』は集団劇だけれど主役。同じ七一年に『関東流れ者』『関東幹部会』と続くんですが、芳雄さんは脇役なんですよね。渡哲也が主役で。**

章代　主役か脇役かってことにこだわらなくて、お兄さんがいるほうがいい。主役の渡さんがお兄さんなわけです。渡さんがまともなことをやって、弟は何をやってもかまわないので、そのほうが面白い、楽だと。弟はやんちゃをしてもいい。ある程度、自分が好き放題やっても、主役がきちんとしてるから。やっぱりスターさんでしょう、渡さんは。

――**自分の立ち位置の決め方が独特です。**

章代　だから、自分がその後、どんどん主役になったとき、厭がってましたよ、兄さんがいないわけだから。

『野良猫ロック　暴走集団'71』©日活

藤田敏八と波長が合った

――『野良猫ロック　暴走集団'71』は、愛称パキ、藤田敏八監督との二本目です。

章代　芳雄が褞袍《どてら》を着てるでしょう、長いのを。

――新宿西口の草むらで仲間と一緒に野宿している最初のシーンでは、足首まである褞袍を着ています。

章代　あの褞袍、途中で切られたんです。日活の上のほうから言われた。いくらなんでも主役があんな長い褞袍じゃダメだろう、みっともないから、と。一等最初のシーンは長いんですけどね。

――そのあと、仲間の地井武男を救出しようと伊豆へ向かう。芳雄さんは仲間とともに四、五人乗りのタンデムで走るんですが、腰までの丹前になっています。

章代　本当は長いままで通したかったんだけど。

――NHKに行くのに下駄を履いて、みたいな感じですね。

章代　受付で何か言われるだろうみたいな形で、下駄履いて行った。NHKは何も言われなかったけれど、長い褞袍はまずいって途中で切られたの。で、褞袍をまた使っているんです。衣裳部から出してきて。ほかの映画です。

――『野良猫ロック　暴走集団'71』では、最後まで短いままです。

章代　最後の爆破シーンのあと、遊んでいる子がいるでしょう。

――芳雄さんがダイナマイトで敵と無理心中をして、爆発が続き、煙が収まったあと、男の子が無邪気に遊ぶ姿のストップモーションで映画が終わる。

章代　あの子が『赤い鳥逃げた？』にまた登場するんです。

――藤田監督の七三年の作品。

章代　やっぱり最後のシーンで、男の子が車の爆発をじっと見ている。アップになるんですけど、あの子、喧太なんですよ。

――芳雄さんらの乗った車がパトカーの一斉射撃で爆発炎上するのを、ずらりと並んだ野次馬に混じって見ている。

章代　その子が喧太で、後ろに立ってるのが私なんです。足だけしか見えませんけど。最後のシーンを撮っているときに、パキさんが思いついて、『暴走集団'71』のあの子を出そうと言って、急遽そのシーンが増えて、羽田空港のあたりで撮ったんです。でも、パキさんが気に入らなくて、西新宿

『赤い鳥逃げた？』撮影現場で。藤田敏八監督（左）と

で撮り直した、喧太のアップだけ。結局、羽田のほうを使ったんですけどね。

――喧太さんはいくつぐらい?

章代　二歳前ですね。

――芳雄さんは映画に出始めた頃、藤田監督と何本も組んでいますね。

章代　いちばん波長が合ったんです、パキさんと。でも、のちにパキさんが三島由紀夫の作品をやりたいとか言ってたのを聞いて、よく判らないと言ってました。

――一九八〇年の鈴木清順監督『ツィゴイネルワイゼン』で藤田敏八と共演するのですが、いまの話はそのあとですね。

章代　そうです。『ツィゴイネルワイゼン』のときは、やりにくかったみたいですよ、最初は。それはそうですよね。自分の監督だった人と共演するわけですから。特にすごく仲が良かった人だし。でも、パキさんは役者をやりたがってましたからね、ずっと。「うまい」って言ってました、自分で(笑)。芳雄はやりにくかったでしょうけど、パキさんは別に大丈夫だったんでしょうね。

変わり目だと好き放題ができる

――ささほど話に出た『無宿人御子神の丈吉』シリーズは純然たる主役ですね。

章代　あれは面白がっていましたね、芳雄は。

──芳雄さんはそのあと一九七四年に『竜馬暗殺』に主演するのですが、時代劇と現代劇という区別はありましたか。

章代　別に区別はなかったですね。ただ、時代劇だと中剃りの鬘が似合わない。テレビの『春の坂道』で柳生十兵衛をやったときは、ちょっとザンバラにして。きちんとした中剃りというのは、役も決まってるじゃないですか。

──『無宿人御子神の丈吉』シリーズはまさしくザンバラ髪でした。

章代　東宝が方針を変えようとしたときの作品ですから、それまでの東宝とは違う感じですね。

──一匹狼のやくざが妻子を殺した国定忠治に復讐する話で、れっきとした時代劇ですが、現代劇のタッチで。

章代　そういう変わり目のときに、いちばん好き放題のことができる、と。ずっとあとですけれど、『寝盗られ宗介』なんかも松竹の中がゴタゴタしてる頃です。

──一九九二年の若松孝二監督作品。

章代　会社がややこしくなると自分に出番が回ってくるって。うまく行ってるときはちゃんとスターさんがいますもんね。

──芳雄さんが本格的に映画に出始めた一九七〇年代から、各社とも従来のスターシステムでは立ち行かなくなった。大映の倒産が七一年。『無宿人御子神の丈吉』三本の

――監督は元大映の池広一夫。『君よ憤怒の河を渉れ』は元大映社長の永田雅一による独立プロダクションの作品です。

章代　あれは健さんがいらっしゃるから、芳雄は楽だった(笑)。中国でも大ヒットしたんですよね。ずいぶんファンレターも来ました。芳雄もやってもらってた劉勇さんという日本在住の有名な鍼師がいるんですけど、中国人の。その人は子どものときに体育館にもぐり込んで見ていて感動しちゃって、うちに来たとき、芳雄の台詞を全部覚えてた(笑)。

――芳雄さんがあの映画に出たのはどういう……。

章代　どういう経緯だったんでしょうね。流れがありませんものね。監督は佐藤純彌さんで。東映系では佐藤さんとか中島貞夫さんと演らしていただきたいと思っていたと思いますよ。

監督との付き合い方

――藤田敏八監督とは波長が合うから、現場も和気藹々なんでしょうね。

章代　パキさんは特別で、『赤い鳥逃げた?』のときは毎日パキさんを迎えに行って、車の中で今日のシーンのことをいろいろ話していたみたい

『寝盗られ宗介』撮影現場で。若松孝二監督(左)と

です。でも、それは特例で、基本的には芳雄は撮影に入ったら、監督とは口をききませんからね。現場では、もうほんとに突き放しちゃって話をしない。それまで仲良しでも、撮影に入ったら、監督は別というふうに考えるみたいです。

——意思疎通は必要でしょう。

章代　現場で話をしても、一緒の仲間としてじゃない。意思疎通はするけれど、一緒に食べたり飲んだりはいっさいしない。監督は監督というわけです。助監督とはいっぱい飲んだりするんですけど。監督に何か言うのにも、すべて助監督を通して言ったみたいです。助監督を味方につければいいっていう考え方でしたね。

——日活作品のときからですか。

章代　そう。助監督のゴジ、長谷川和彦さんに言うと、ゴジがわーっとパキさんに言ってくれる。とにかく助監督は味方につける、監督は敵だ、みたいな感じ(笑)。

——監督との付き合い方が独特です。

章代　まあ、私も現場にずっといるわけじゃないから、わかりませんけどね。とにかくクランクイ

『赤い鳥逃げた?』撮影現場で。藤田敏八監督(右)と

ンする前は、どの監督とも話しますよ、ものすごい勢いで。でも、撮影が始まって、カチンコが鳴ったら、敵なんでしょうね。なんで私がわかるかというと、監督との打ち合わせとかは全部、うちでやってましたから。で、台本《ホン》が送られてくると、私が最初に読んでますし、香盤表を見たら、今日はどのシーンを撮っているのかわかっている。

——香盤表というのは撮影スケジュール表ですね。

章代　ええ。私はホンを読み、それを見ている。で、芳雄は、後半はそうでもなかったんですけれど、それまでは、撮影から帰ってきて、現場のことを全部、私に話すんですよ。今日はこうでこうで……と。だから、私は現場に行かない場合でも、どういうことになってるかがわかったんです。

——報告ですか。

章代　というより、自分で纏めようとするんじゃないですか、私に話すことで。私もそういうのを聞くの嫌いじゃなくて、聞くわけですから。地方に長く行っちゃった場合も、毎日電話はしてきましたね。逆に私が地方に行ってて芳雄が現場に入っていても、毎日電話をかけてきて、ああだよ、こうだよ、と。

——そういう人が監督は敵だとは……。

章代　基本的にインすると監督とは口をきかない。だから、監督と口をきくのは阪本順治さんくらいじゃないかな。若ちゃん、若松孝二さんなんか私に嘆いていましたね。「芳雄はさ、インすると口きいてくれないんだよな」って。

――芳雄さんは監督がそう思っていることを知っているんですか。

章代　知ってます。若ちゃんにはご本人の前で言ってましたから。若松組では、カメラマンの鈴木達夫さんとは口をきくけど、若ちゃんとは口きかない。オーストラリアへ撮影に行ったときなんかは……。

――一九九一年の若松監督作品『シンガポールスリング』ですね。

章代　助監督が毎晩、ホテルの芳雄の部屋に呼ばれて、お前はどう思ってんだ、これはこうじゃないのか、って話されて、で、その人は若松監督の部屋に行って、間を取り持つ役だったんです。毎晩ですよ（笑）。最初の頃はゴジがその役で、芳雄の味方をしてくれたわけですよ。

――なぜ阪本順治の場合は違ったんでしょう。

章代　最初の『どついたるねん』のとき、新人監督だったからでしょうね。

――八九年の『どついたるねん』でデビューした。

章代　監督が新人だったから、助監督とやるよりも、ということですかね（笑）。阪本監督とはずっと現場で話してました。

『どついたるねん』写真提供：リトルモア　赤井英和（左）と

――だから、長い付き合いになった。

章代　最後までですもんね。

石橋蓮司と松田優作

――監督では黒木和雄とも長い付き合いです。

章代　波長はあまり合わなかったんですけど、『父と暮せば』(二〇〇四年)が最後で、いちばん多いです。

――最初が一九七四年の『竜馬暗殺』。企画製作は画家の黒田征太郎と、さっき話に出た夏文彦こと富田幹雄。黒木監督はその関係ですか。

章代　あれね、撮影が田村正毅さんでしょう。よくわからないけれど、田村さんが先に決まってて、ゴールデン街で話が持ち上がって、岩波映画の仲間の黒木さんになったようです。

――脚本は清水邦夫と、岡山を拠点に映画を作っていた田辺泰志。

章代　あ、清水さんが最初に話を持ってきたのだと思います。俳優座の『狂人なおもて往生をとぐ』が清水さんの作で、一緒に芝居をやって、けっこう仲良くしてたから。黒木さんは、たぶん原田芳雄なんて知らなかったと思いますよ。

――でも、素晴らしい映画です。

章代　面白いですよね、いま見ても。

――共演者が素敵で、芳雄さんが石橋蓮司と一緒に若き松田優作を引きずり込んで、三人で遊んでる感じが、見ていて楽しい。

章代　芳雄は石橋蓮司さんとやると楽なんですよ。きちんとしたことをやってくれるから。『竜馬暗殺』の中岡慎太郎にしても、『浪人街』の浪人にしても、きちんとした芝居をやってくれるわけで、自分がそのそばで好きなことをやれる。

――たしかに一九九〇年の『浪人街』でも、芳雄さんは楽しんで演じている。

章代　安心できるんです。

――やっぱり兄貴の感じかな？

章代　兄貴ではないですね。渡哲也さんの場合は、スターさんだから。石橋さんの場合は、まぶだちって感じですかね。しっかりしたまぶだち。現場で芳雄が何かをやると、石橋さんが、お前そうくるの、俺はこうするよ、と、そういうキャッチボールができたんです。お前がそうくるんだったら、俺はこうするけど、となって、どんどん上がっていける。単なる真っ向勝負じゃなくて、さらに上手でかわしながらやってくれるから、面白かったし、絶対的にどっかで収めてくれるという安心感があったんでしょう。

『浪人街』写真提供：松竹

――俳優同士ならではの関係ですね。

章代　実現しなかったけれど、蓮司と股旅ものをやりたいと言ってましたね。舞台も、蓮司が演出するんだったらもう一回やってもいいかな、と。

――松田優作の場合は、さっきの話のように、芳雄さんは「兄貴」ですね。

章代　優作は、最初から血縁めいたものを感じたみたいなんです、芳雄に対して。ものすごい勢いで懐いてきましたもの。だから、芳雄も感じたんでしょう。『太陽にほえろ！』の主役に決まるか決まらないかの頃で、まだ文学座にいて。

――テレビドラマ『太陽にほえろ！』に松田優作が登場するのは一九七三年。

章代　優作のほうは芳雄の映画を見てたんでしょう。文学座の女優さんが芳雄と何かの現場で一緒で、それで連れていくと言ったら、アパートに喜んでついてきた。それが最初。優作には芳雄がある種の憧れの的だったんですね。

――芳雄さんにそういう人は……？

章代　いなかった……いや、ジェームズ・ディーンかな。

――アメリカに跳びますか（笑）。

章代　ジェームズ・ディーンには憧れて、ほとんど台詞を言えるくらい見たみたいですよ。『エデンの東』（一九五五年）なんか。

——そんな芳雄さんが憧れの的になった。

章代　優作から「兄貴」って懐かれて困っちゃった(笑)。『竜馬暗殺』で共演している桃井かおりは、異性だからいいんですよ、まだね。優作は同性だから、困ったもんだって(笑)。でも、自分でも何か血縁めいたものを感じてたから、可愛かったんですよね、きっと。

——松田優作がバーボン好きなのは芳雄さんがバーボン党だからだと思っていたんですが、違うんですって？

章代　そう、優作が初めの頃にバーボンを持ってきたんです。それまでは芳雄はウイスキーを飲んでた。日本酒はあまり飲まなかったですね。もともと毎日飲む人じゃなかったんです。お父さんが飲まない人だったから。優作が「兄貴、これからはバーボンの時代ですよ」って持ってきて、それからバーボンを飲むように。

——章代さんは？

『竜馬暗殺』©1974 映画同人社／東宝

章代　私は飲むうちで育ったから、夕飯のときに飲むのは当り前なんですよ。だから最初、芳雄はびっくりですよ、毎日飲むなんて(笑)。でも、だんだん飲むようになって、お金がないですから、国産の赤ラベルのウイスキーを。あの頃、バーボンは高かったけど、バーボンは二日酔いしないっていうのもあって、バーボンになって。最初に優作が持ってきたのは黄色いラベルの、何ていったかしら……。

――アーリータイムズ。

章代　そうそう、アーリータイムズ。アーリータイムズをずっと飲んでて、I・W・ハーパーになった。後半は焼酎も飲んでましたけどね。でも、結局、パキッとならないと言ってハーパーに戻りました。

――喧太さんは？

章代　若いですから、飲みますよ。娘の麻由は飲めない。私が出産の前の日まで飲んでたから、お腹にいるときに一生分飲んじゃった(笑)。帰ってきても、おっぱいあげながら飲んでた(笑)。

黒木和雄との関係

――黒木監督とは『竜馬暗殺』に続いて、一九七五年に『祭りの準備』があります。

章代　『祭りの準備』では、最初、黒木さんが言ってきたのは、お巡りさんか何か、ちょっとした別の役だったんです。

――エッ!?　あの役じゃなかったんですか。主人公の知り合いの暴れ者で、強盗殺人をやらかして追われる役。

章代　あれじゃなかったんです。芳雄がホンを読んで、「それはやらない、この役ならやる」と言って、あの役が膨らんじゃった。

――脚本家志望の青年が主人公だけど、映画を見ると、脇役の芳雄さんの印象が強烈に残ります。

章代　そうですよね。だから、監督によっては、原田芳雄とやるとホンが変えられてしまうと厭がる人もいたと思いますよ。ホンが違う方向に行っちゃう。『祭りの準備』がそうですから。

――芳雄さんの出演は欲しいから、脚本を変えたのでしょうか。この映画を見たとき、ああ、原田芳雄はこんなダメ男の役をよくやったな、スゴイ、と思ったのを憶えています。

『祭りの準備』撮影風景（上）／クランクアップ時の集合記念撮影（下）

章代　あれはカメラマンが鈴木達夫さんだから、達ちゃんの意見がずいぶん入ってるんだと思いますよ。

――監督とカメラマンの役割は微妙ですよね。

章代　黒木さんには、つぎの企画のロケハン資金と言われて、うちのなけなしのなかから工面したこともあります。

――一九七八年の『原子力戦争 Lost Love』ですか。

章代　あれは西山哲太郎という方が出資して下さいました。日之出出版の社長さんです。

――『原田芳雄　風来去』を二〇一二年に出版した方ですね。『原子力戦争 Lost Love』のクレジットには製作とある。

章代　芳雄の古い友人で、俳優座に入る前に一緒に芝居をやってたんです。西山さんが事務所をもってらして何人かが一緒だったんですけど、みんな逃げちゃって、最後に芳雄だけが残って西山さんとやってた。でも、西山さんもこういうことは続けていけないからと、どこかに就職なさったんですよ。だけどお前はやれ、と言って。俳優座養成所の入学金も払ってくださったそうで、新婚の西山さんの家のステレオを

『原子力戦争　Lost Love』©1978 文化企画／ATG

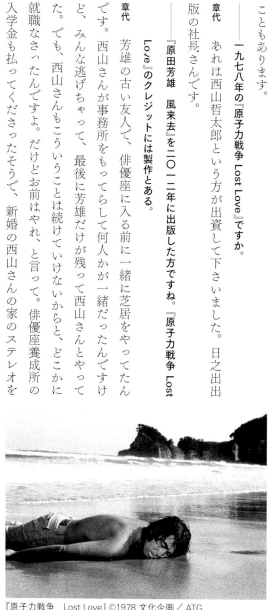

質に入れちゃったみたいです。それから西山さんは独立して日之出出版をなさって。

——ロケハン資金は別の映画ですね。

章代 そうです。結局、その映画は成立しなかったんです。

——黒木監督の作品は、さっき話に出た『浪人街』とか、その後も多いです。二〇〇〇年の『スリ』では、芳雄さんが楽しそうにスリ役を演じている。

章代 石橋蓮司さんとやれるというのも嬉しかったでしょうね、芳雄は。好きなんですから、やっぱり（笑）。やりやすいというか、こう出たらこうやってくる、みたいなのを楽しむ。蓮司さんと毎日二人で現場へ行ってました。

——二〇〇三年の『美しい夏キリシマ』も黒木監督。

章代 あれにも石橋蓮司さんが出ているんですよ、ほんとは。蓮司さんが九州ロケに行って、その晩に芳雄の役と話をして決めて、撮って……全部カット。だから、見るとわかると思うんですけど、芳雄の役があいまいになってるんです。蓮司さんの役が、退役以前の芳雄がどういう人間だったをほのめかすシーンでしたから。

——芳雄さんは柄本佑の演じる少年の祖父で退役軍人の役。

章代 結局、何か変な年寄りという感じで終わっちゃってるんです。で、何故か未だにわからないのですが、監督から私に電話があって、カットするけど、タイトルバックでは入れますかって。即座に入れないでいいですとお答えしました。何でカットしたのかわからない。

——翌二〇〇四年の『父と暮せば』が続きます。

章代　あれは別の方が降りたので芳雄になったんですが、黒木さんはそれを一言も言わないで、急に浮上したみたいに「もう日にちが決まってる」と、うちに日参なさった。何度もお断わりしたんですが、インが決まっていたようで、ともかく朝晩日参なさって、結局やらせていただくことに。で、時間もないし、あれだけの膨大な台詞を覚えなきゃいけないから、少しインを延ばしていただいて広島へ行きました。まあ舞台の経験があったので、出来たんだと思います。普通はあんまり台本を見ないんですけど、あのときばかりは朝から深夜まで台本をずーっと読んでました。「久しぶりに俳優座のホン読みをしているようだ」と言っていました。

ぶち壊して違う窓を開けたい

——少し前の時代に戻りますが、佐藤純彌監督『君よ憤怒の河を渉れ』と同じ一九七六年に、松竹で渡辺祐介監督『やさぐれ刑事』『反逆の旅』と二本続けてあって、やはり松竹が何をやっていいか迷っていた頃です。

『父と暮せば』© 2003「父と暮せば」パートナーズ　宮沢りえ（左）と

章代　渡辺さんも元は東映の方ですよね。

――新東宝、東映、松竹と撮ってきた監督で、風俗映画もハードボイルドも喜劇もこなすベテランです。『やさぐれ刑事』は荒くれデカの話、『反逆の旅』は主人公が小島に住んでいる殺し屋と、まさにハードボイルド映画ですね。芳雄さんは、常識から外れたというか、型破りの役が似合う。

章代　そうですね。本人も意識してました。とにかく常にぶち壊して、違う窓を開けたいという感じですから。カチッとしたホンがあっても、壊していくみたいな。

――渡辺監督とは呼吸が合ったんでしょうか。

章代　『やさぐれ刑事』のときは、北海道から九州まで突貫で撮っていったんですけど、監督とはたいがいプライベートで会ったりするのに、渡辺さんとは一回もそういうことがなかったですね。あのとき大変だったのは、芳雄がこの期間は飲まないと言って、お酒をやめてて、飲まないで北海道から下って京都へ来たときに、バーボンを一本空けちゃったんです。で、パチンコ屋の階段から落ちるシーンがあるんですけど、本当に酔っぱらって落ちてるの。にっちもさっちもいきませんと、私が呼ばれて、一晩ついていたんですけどね。鬱積してバーッと飲んじゃったらしいんです。

――なんでお酒をやめたんですか。

章代　この間は飲まないんだと言って、ずーっと飲んでなかったの。

――**何かきっかけがあったんでしょうね。**

章代　先日、石橋蓮司さんから、こういう取材を受けるんだったら、ちゃんと予習をしていけよ、と言われたんです。それで芳雄の手帳を見たら、自分がダウンしたことが書いてあって、わたしが京都に呼ばれて行った前の前の日が完徹してるんですよ。で、熱を出して、寝て、それからお酒を飲んだらしい。

――**へえ、日記ですか。**

章代　日記じゃなく、普通の手帳なんですけれど、毎日、どのシーンを撮ったか、誰が遊びに来たか、小さな字で全部書いてある。

――**貴重な資料です。**

章代　手帳を見て思い出しましたけど、『やさぐれ刑事』を撮ってるときは大変な時期だったんです。勝新太郎さん主演の連続テレビドラマ『痛快！河内山宗俊』をやり、単発のテレビドラマがあり、最初のLP『ラスト・ワン』もあった。基本的に掛け持ちをする人じゃないのに、これだけ重なっちゃった。だから飲まないほうがいいと思って飲まないつもりだったのが、京都で疲れ果てて熱を出し、飲んじゃったんだ、と私は思います。

――**で、鬱積が弾けた。**

章代　いまでも親しい松竹の宣伝部の人が、もう飲んで暴れちゃって、とにかく来てもらわないと、と言ってきて、私はちょうど娘がお腹にいたんですけど行って、一晩泊まって現場を見て、帰ったんです。

渡辺監督とうまくいかなかったという話ではなさそうです。

章代　京都のあと、撮影は鹿児島の枕崎まで続くんですが、うまくいったみたい。渡辺さんとはすぐ『反逆の旅』を撮っています。

芳雄さんはこのあと、一九七八年に大森一樹の『オレンジロード急行』で刑事役をやってますね。当時、若い監督の作品として話題になった。

章代　大森さんとは以前から仲良しでした。うちにしょっちゅう、遊びに来てました。荒戸源次郎さんの紹介じゃないかな。あとで『ツィゴイネルワイゼン』をつくるプロデューサー。

大森監督は自主制作映画の世界から出てきた。

章代　助監督だった人が独り立ちするときに、俺は出るよと言ってましたから、新しい監督はどんなもんだろうかと興味がありましたね。それに、『オレンジロード急行』の場合は、嵐寛寿郎さんや岡田嘉子さんが出ていますから。かつての錚々たるスターがお爺さんお婆さんになって出ているわけで、興味があった。芳雄は大森さんではつぎの『ヒポクラテスたち』(一九八〇年)にも出演しています。

第三章 鈴木清順映画の体験

とにかく異色な方ですから

――芳雄さんは鈴木清順監督とは波長が合ったのですか。

章代　別格ですね。清順さんとは『ツィゴイネルワイゼン』(一九八〇年)の前に一本やっているでしょう。『悲愁物語』。あれが最初です。

――一九七七年、鈴木清順が十年ぶりに撮った映画。松竹と梶原一騎の三協映画の提携作品で、出演依頼はどこから来たんですか。

章代　たぶん大和屋竺さんだったと思います。

――脚本が大和屋竺。日活助監督部の出身で、鈴木清順の六七年の作品『殺しの烙印』では出演して主題歌を歌っています。

章代　芳雄と仲良しだったんです。奥さんが日活のスクリプターのベテランさんで、「姐御、姐御」と尊敬してこましした。大和屋さんのおうちが多摩動物園の近くにあるんです。芳雄は子どもを動物園に連れていくの好きだから、行ったら必ず大和屋さんちに遊びに寄って、ご馳走になってました。

だから、大和屋さんと清順さんたちとの、ほら、脚本家の集団があったでしょう。

――具流八郎。鈴木清順、大和屋竺のほか、田中陽造、木村威夫、曽根中生など、計八人のグループ名で、共同ペンネームでもある。

章代 そうそう。その具流八郎の『夢殿』という映画になっていないシナリオ、芳雄はあれをやりたかったんですよ。

――金髪の聖徳太子が出てくる奇想天外な脚本。大和屋竺が見せたんでしょうね。

章代 とにかく大和屋さんちに行くと、清順さんの話で盛り上がっちゃって、姉御(奥様)がすごい厭がってたんですよ。清順さんの企画は全部ポシャるって(笑)。

――『悲愁物語』に出て、どうだったんですか。

章代 びっくりしてましたね。とにかく異色な方ですから。で、終わりのほうは大和屋さんが付いていたんですけれど、自分でやってて何か面白くなかったというか、訳がわからなかったんじゃないかな。

左右とも『悲愁物語』写真提供:松竹

――芳雄さんはヒロインをプロゴルファーとして特訓する役で、ストーリーは単純だけれど、不思議な映画です。

代章　違う窓があいたけど、とまどった。だから、また清順さんとやったんじゃないかと思うんです。『ツィゴイネルワイゼン』を。

――その直前の七九年のテレビドラマ『穴の牙』が、鈴木清順監督、大和屋竺脚本です。芳雄さんは指名手配の犯人の役で、刑事の撃った弾丸が頭の中をぐるぐる回って飛び出したあと、死ぬんですが、幽霊になって刑事に取り憑く。

代章　ええ、芳雄は出てますね。やっぱり不思議なドラマで。

『ツィゴイネルワイゼン』の衝撃

――そして『ツィゴイネルワイゼン』になるのですが、プロデューサーは荒戸源次郎。

代章　荒戸さんは最初、大和屋さんのご紹介で、うちに見えたんだと思います。私が憶えているのは、新宿の飲み屋で出陣式みたいなものをやったとき、藤田敏八さんと一緒に荒戸さんに会ってる。これは予習してきたんで(笑)、芳雄の手帳を見ますと、クランクインは一九八〇年の二月十五日とある。それで、大楠道代さんが二月二十六日生まれで、芳雄が二月二十九日だから、二十九日に撮影現場で誕生パーティをして、私も行ったんです。鎌倉に。

――鎌倉材木座の大きな屋敷をスタッフルームとして借りていた。

章代　そう、あそこでパーティをした。荒戸さんはぜいたくな映画作りで、毎日ご馳走を食べてたみたいですよ（笑）。

――『ツィゴイネルワイゼン』は藤田敏八、原田芳雄、大楠道代、大谷直子と主要なキャスティングが異色の組み合わせです。なぜ大楠道代だったのか。

章代　荒戸さんが安田道代時代からの大楠さんのファンだったんじゃないですか。大楠道代さんも大谷直子さんもとても綺麗だし。まあ、清順さんのお好みだったのか、荒戸さんの好みだったのか、ああいう綺麗で気がきつい女が（笑）。

――安田道代は一九七一年の大映倒産後、フリーで各社の映画に出て、芳雄さんとは七三年の『無宿人御子神の丈吉　黄昏に閃光が飛んだ』で共演しています。結婚して大楠名で出た最初の映画が『ツィゴイネルワイゼン』。

章代　大楠さんはそれまでいわゆる五社のほうのスターで、『ツィゴイネルワイゼン』が初めてで

『ツィゴイネルワイゼン』写真提供：リトルモア
左から藤田敏八、大谷直子、原田芳雄、大楠道代

しょう、メジャーじゃないのは。で、ハマってしまったんですよね、そっちの映画の面白さに(笑)。

——**芳雄さんはむしろそっちが中心です。**

章代　でも、『悲愁物語』のときは別に何でもなかったんですけど、『ツィゴイネルワイゼン』を終わったとき、役者を辞めるって言い出したんです、芳雄が。

——**エッ? どうしてですか。**

章代　それがよくわからないんですけどね、私も。あの役がわからなくなっちゃったんだと思うんです。どういうふうに演じていいか。

——**画面では、そんな感じはありませんけどね。**

章代　最後の砂丘で逆立ちするシーンなんか、アップしてから新たに撮ったんです。あれ、見てもよくわからないですよね。監督から「とにかく自由にやってくれ」と言われちゃって、それで考えたあげく、二点倒立をその頃してたので、ああやって、歌を歌ってみたりして……。

——**そういう監督なんですよ(笑)。撮影中、鎌倉の旧有島生馬邸のロケ現場を見学しましたが、あの監督は役者を人形のように踊らせる。**

章代　ほぼ鎌倉で撮ったから、私は現場へはあまり行ってないんですけれど、そういう現場だったのかな、『ツィゴイネルワイゼン』は。だから、役者を辞めたくなった。

——**鈴木清順一流の魔術をもろに受け止めたのかな。**

章代　とにかくね、しばらく立ち直れなかったんです。それで「辞めていいか」と言うから「いいよ」って。しょうがないですもんね。それがきっかけで、歌に力を入れるようになったんです。歌を歌うと楽しいから。毎月一回、ライブをやって、それで立ち直ったんですよ。

――でも、芳雄さんは『ツィゴイネルワイゼン』でベルリン国際映画祭へ一緒に行きましたよね。

章代　清順さん、大楠さんと三人で。

――ヨーロッパでは鈴木清順は伝説的な監督として知られているし、サラサーテの有名な曲が題名で、あの内容だから、受けたと思います。

章代　空港で清順さんの奥様が芳雄に「原田さん、鈴木に金髪碧眼の女が寄ってこないように見張っててください」とおっしゃった(笑)。「こう見えても、鈴木も若うございますから」って。私、見送りに行ったので聞きましたの(笑)。だって清順さん、様子はお爺さんみたいでしたけれど、そんな年齢ではなかったでしょう。

――一九二三年生まれだから、五十六、七歳。

章代　お若いですよね。

原田芳雄の手帳

――『ツィゴイネルワイゼン』は東京タワーの下に設置したエアドーム式の特設映画館で封切られ、それも話題になりました。

章代　二か月のロングランですよ、初日が四月十日で。

――四月一日じゃないですか。

章代　芳雄の手帳には、四月一日は「眠る眠る眠る」ってあります。それから、最初は二日に桜のシーンを撮りに行く予定だったのが延期されて、四日に撮ってますね。で、三日に製作発表の記者会見をしてる。

――四月一日封切とある資料は間違いか。

章代　おそらくそうですね。これは本人の手帳で、毎日書いてることなんですから。四月一日は寝てたんです(笑)。

――あ、記者会見には僕も行きましたよ、ドームへ。

章代　それが四月三日。私も行って、上映もしたので見てるんですよ。初日の前に。

――僕もそのとき最初に見たんですね。そうそう、桜をまた撮りに行くと聞いたのも記憶にある。

章代　だから、最初にドームで見たのは桜がなかったのね。それで、四月八日に初号試写をやってる。

――イマジカで。そのときも見ました。で、四月十日に封切った。

章代　でも、芳雄の手帳によれば、最終的に桜のシーンを撮り終わってるのが四月二十一日ですね。

――エエッ？

章代　延期になったりして撮れなかったんですね。最終的に山梨で撮れた。

――だんだん思い出してきました。封切ったあとも、満開の桜を探して、あちこちへロケしたという話で。

章代　やっと四月二十二日に「アップ」と手帳に書いてある。しかもその前に打ち上げパーティやって完徹してます。とにかく、その頃、二日酔いばっかり（笑）。

――芳雄さんの手帳が大活躍ですね。鈴木清順だから何が起こるかわからないとはいえ、『ツィゴイネルワイゼン』は人騒がせな映画だった（笑）。

章代　監督も監督ですけれど、それを許すプロデューサーも普通じゃないですよね。おカネもないのに（笑）。キャッチフレーズが「産地直送映画」で、パンフレットにおカネを掛けて。素晴らしいパンフレットです。

――荒戸プロデューサーがすごいのは、おカネをケチらない。で、芳雄さんはそのあと翌一九八一年の『陽炎座』、九一年の『夢二』と、鈴木清順監督作品に出ています。

章代　清順さん、今度は何するんだろうと思って出かけるんでしょうね。清順さんが芳雄を好きだってことは、どっか肌で感じたんじゃないですか。うちにもいらしてました、お食事に。年に一回、一緒にどじょうを食べに行ってましたし。

――『陽炎座』はどうだったんでしょう。

章代　『ツィゴイネルワイゼン』で厭になっちゃったから、『陽炎座』は覚えてないって、本人はそんな感じでしたよ。あまり『陽炎座』の話はしたことがないです。

――画面を見ると、のびのびして楽しそうです。

章代　優作が主演で、脇ですからね。そういうほうが楽で面白いんでしょうね、きっと。そのあと、芳雄としては、今度はどうにかして監督をびっくりさせてやろうと思って、『夢二』のとき、髪を自分で金髪に染めたりしたら、見た清順さんが「原田さん、嬉しいですか」って（笑）。

――意地悪爺さん（笑）。

章代　『ツィゴイネルワイゼン』でも、芳雄が砂丘で逆立ちをするシーンについて、清順さんに誰かが質問したら、「あれはね、原田さんが考えたことですから、原田さんに聞いてください」って（笑）。わざわざ砂丘ま

『陽炎座』写真提供：リトルモア　松田優作（左）と

で撮り足しに行ったのにね。

――芳雄さんは『ツィゴイネルワイゼン』のあと、同じ八〇年の神代辰巳の『ミスター・ミセス・ミス・ロンリー』に出ています。

章代　原田美枝子さんがプロデュースして主演し、共演は宇崎竜童さん。

――三人が十五億円を捜して回る話。

章代　美枝子さんとは前から知り合いなんです、芳雄は。だから、プロデューサーの彼女がキャスティングしたと思いますよ。

――人間関係が転々と変わってゆく不思議な映画でしたね。

章代　神代さんと一緒にホンを書いてた女の人は……。

――原田美枝子ですね。原案も彼女で、ペンネームは「刹那」。クレジットでは神代辰巳と刹那の共同脚本になっています。

章代　美枝子さん、若かったんですよね。たしか二十一歳くらい。芳雄は神代さんとは、その前にテレビドラマをやってるんです。桃井かおりさんとの共演で。

――それは一九八八年の『カフェオリエンタル』ですね。その前に同じ年、神代監督の連続テレビドラマ『Mの悲劇』があります。

『ミスター・ミセス・ミス・ロンリー』©1980 市山パースル／ATG　宇崎竜童（左）と

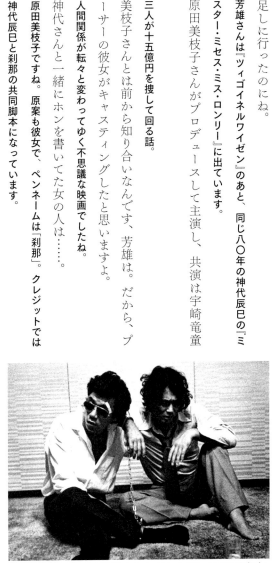

章代　じゃあ、『ミスター・ミセス・ミス・ロンリー』のほうが先ですね。

――あの映画の芳雄さんは生き生きしていて、『ツィゴイネルワイゼン』で衝撃を感じたとは思えない。神代監督とは気が合ったんでしょうか。

章代　合ったと思いますよ。ちょっとパキさん、藤田敏八さんと似たようなニュアンスのところがあるでしょう。だから、芳雄は好きだったと思います。

荒戸源次郎とその弟子たち

――話を戻すと、荒戸プロデューサーとはどういうことで知り合ったのですか。

章代　うろ覚えなんですけど、しょっちゅう行ってた大和屋竺さんのところでは会ってないんです。でも、大和屋さんの紹介でその頃に会ってる。荒戸さんは芳雄の名前は知ってるわけですよね。で、うちに見えたんじゃないかしら。

――仲は良かったですか。

章代　良かったですね。一時は週一回くらい一緒にご飯を食べてました。それで、事務所のギルド・Bを立ち上げるとき、役員が三人要るんですよ。代表の私のほかに。だから荒戸さんにもお願いして。資本は出してもらってないんですけど(笑)。

――芳雄さんと荒戸プロデューサーの関係では、『ツィゴイネルワイゼン』『陽炎座』のあ

と、一九八九年の阪本順治のデビュー作『どついたるねん』、翌年の阪本監督『鉄拳』、そして『夢二』と、何年も続きます。

章代　「荒戸さん」「芳雄さん」と呼び合って、コンスタントなお付き合いでした。だから、荒戸さんと関係のある新人監督、渡辺謙作さんとか豊田利晃さんの映画に出てるでしょう。出ない場合も、必ず見てましたね。

——渡辺謙作は『プープーの物語』で、豊田利晃は『ポルノスター』で、同じ一九九八年にデビューした。芳雄さんは『プープーの物語』に、豊田監督の『ナイン・ソウルズ』(二〇〇三年)に出ています。

章代　もうひとり、荒戸さんが育てた監督がいるんです。誰だったかしら。そうそう、山中浩充さん。『流星』(一九九九年)でデビューした。

——『プープーの物語』『ポルノスター』『流星』は、リトルモアの孫家邦がプロデューサーです。

章代　あ、そうなんです。三人とも荒戸事務所でホンを書かせたり助監督をさせたりして育てて、孫さんに渡したんです。

——孫家邦は『どついたるねん』から荒戸事務所に所属して、阪本監督の『鉄拳』にも翌九一年の『王手』にも関わった。

『夢二』製作発表会見

章代　だから、三人の新人と一緒だったし、芳雄も知っていたんですね。

――**僕は『鉄拳』のロケに取材に行ったとき、荒戸源次郎から新人スタッフとして椎井友起子を紹介されました。彼女は『王手』、九四年の『トカレフ』と、阪本監督作品のプロデュースを担当する。**

章代　『トカレフ』のとき、芳雄は出ていないんですけれど、私は三里塚のロケを見に行った。プロデューサーでは、いま孫さんと組んでいる菊地美世志さんも、荒戸さんに少しお世話になったんです。菊地さんはギルド・Bの最初のマネージャーでした。でも、製作をしたいというので、荒戸さんのところにお願いしました。それで、孫さんと仲良しになってフィルムメイカーズを立ち上げた。

――**新しい監督やプロデューサーが、何人も荒戸事務所から育った。二〇〇五年の大森立嗣の監督デビュー作『ゲルマニウムの夜』もそうで、上野の東京国立博物館の敷地に建てた一角座での上映が話題になった。『ツィゴイネルワイゼン』の東京タワー方式ですね。**

章代　担当プロデューサーは村岡伸一郎さん。あれが大赤字になって、一時プロデューサーを辞めて、そのときの大借財を必死で返した。荒戸さんの弟子で、その後、大森監督の『ぼっちゃん』(二〇一三年)で復活なさいました。

――**大森立嗣も荒戸門下ですね。**

章代　ときどきホンを書かせたり、面倒見ていたようですね。磨赤児さんの息子だから、近場にずっといるわけでしょう。助監督と役者をずっとやってた。

――荒戸源次郎は一九九五年に『ファザーファッカー』で監督になるのですが、芳雄さんも出演しています。

章代　たしか九州で撮ったんです。内田春菊さんの原作ですよね。春菊さんと一時、仲が良かったの、荒戸さんは。春菊さんは芳雄のライブにも何回かいらしてた。

――あのとき、彼はやっぱり監督をやりたかったのかと、僕は思いました。

章代　やりたかったんですよね。で、「あなたはプロデューサーのほうが向いていると思うよ」と私は言ったんだけど、「プロデューサーはこりごりだ、監督がいい」って。『赤目四十八瀧心中未遂』（二〇〇三年）のときも、私は「もうプロデューサーはやらないの」と言ったんですけどね。両方すればいいと思って。でも「え？」という感じで。

第四章　一九八〇年代から九〇年代への紆余曲折

私が先にホンを読む

――いま、ギルド・Bという事務所は？

章代　みんな役者さんたちは放して、会社だけは残してるんです。役者さんたちはいなくて、マネージャーさんもいなくて。というのは、喧太夫婦もミュージシャンですので。あの人たちが会社を自分たちで作るとなると大変だから、もしそういうことをやるつもりがあるんだったら使えばいいと思って、会社の形態だけ残しています。

――女優である麻由さんは？

章代　麻由はパパドゥさんに所属させていただいてます。

――芳雄さんに、たとえばテレビの仕事のオファーがあるとき、映画の場合と違って数が多いでしょう。マネージャーとしての章代さんがそれを捌くのですか。

章代　芳雄がテレビに出始めた頃、そんなことはなかったですよ。ただ一緒にいるから、相談に乗って、台本を一緒に読んでるって感じ。

――事務所の代表としてではなくて。

章代　その頃、事務所の代表じゃないんです、私。ちゃんとした事務所が別にあって、マネージャーさんがいましたから。私が社長になったのは、ギルド・Bからです。

――設立は何年ですか。

章代　一九八八年一月です。それまで別の個人事務所があったんですけど、ギャラが不透明で私は入ってないから。で、ちょっといざこざがあって。私は最初から役員に入ったほうがいいと言ったのに、芳雄が「お前はいい」と。そうすると、おかしいと思っても私にはどうこうする権利がないわけですよ。それが芳雄にもやっとわかって、とにかくやってくれと。で、ギルド・Bを立ち上げた。

――独立するのは遅かったんですね。

章代　でも最初は、お前は傀儡だから、出てくるなとか、何も言うなと言って、私が対外的に出て行くのを厭がってました。銀行に行ってお金借りて、経理して。

――なるほど。僕が映画の撮影現場に行って、章代さんと会うようになったのは、かなりあとですね。

章代　ええ、私が現場に行ってるのは、随分あとです。初日と中日とラク(最終日)と、そういうポイントで行って、山根さんもそういう時にいらっしゃったから。

――芳雄さんへの出演交渉がギルド・Bに来たとき、選択はどうやったんですか。

章代　ギルド・B以前からですが、まず私がホンを読んで、これは面白そうとか面白くなさそうとか言うんです。これは途中で潰れるよとか(笑)。けっこう勘が当たるんですよ。

――それはありますよね(笑)。

章代　何となく「これ潰れる」とね。とにかく最初にホンを私が読むんです、必ず。で、これは相当いけそうとか、これはダメだとか。それから芳雄が読む。

――章代さんが面白そうだと思って、芳雄さんがホンを読んで、「面白くないよ」ということは?

章代　あんまりなかったですね。そういう意味では、私、信用されていたんですよね。

――それは章代さんが誰よりも芳雄さんのことをわかっているからですが、勘は何に基づいているんでしょうね。

章代　まあ自分が面白いと思うかどうかですよね。それと芳雄に合うかどうか。例外として芳雄は、かつて自分の作品の助監督をやった人が一本立ちするときには必ず出演する、と。気に入った助監督ですよ、もちろん。ちょい役でワンシーンでも出る、ということはありました。

――若い人への優しさですね。

章代　そうですね。とにかく映画が成立するというのは嬉しいことだから。どんどん成立しなくなったじゃないですか。まあこの頃は、ものすごい量が成立してるみたいですけれども。芳雄の時代には、むずかしかったですよ。大手は別として。

――いまはデジタルで撮れるから。

章代　だから、いま、助監督を経験している監督がけっこう少なくなってるみたいですね。いきなり監督になれちゃうから。

――優秀な助監督は取り合いになっていると聞きました。

章代　助監督をやると何年もかかるわけですよ、監督として独り立ちするまでに。だから、早く監督になりたいので自分で監督する。フィルムで撮るわけじゃないから。簡単に撮れちゃいますからね。

――問題は、一本は撮れたとして、続くかどうかです、

章代　そうですよね。で、芳雄は、監督になったら、ある程度は多作しろ、と言ってました。でも、多作するのがむずかしいですよ、つぎつぎ撮るというのは。

『影武者』出演を断わる

――芳雄さんの姿勢はわかるとして、脚本を先に読む章代さんは、そういう事情も汲み取らないといけないから大変ですね。

章代　やっぱり監督さんが面白いかどうかですよね、まずは。

――芳雄さんがやろうと思ったんだけど、役づくりとかいろいろ考えて厭になった場合

もありますか。

章代　うーん……あんまりないんじゃないですかね。これはダメだというときは、あらかじめ断わっていますから。メジャーの作品にはけっこう縁が薄かったですね。メジャーのほうも原田芳雄を嫌ってる部分があったでしょうし。

――出演作ではメジャーは圧倒的に少ない。

章代　名前が出ているわりにはメジャーの作品はないですよ。黒澤明監督の『影武者』(一九八〇年)をやらなかったんですものね。

――ッ！　話はあったんですか。章代さんが、やめたほうがいいと？

章代　いえ、私は、まあ黒澤監督ですから、一回くらいはやらせていただいたほうがいいと内心で思ってました、密かにね(笑)。だけど、本人がどうしてもと言って。お会いしたんですけどね、芳雄は。

――黒澤監督に？

章代　ええ。ひとりで会いに行って、一日くらい考えたのかな。でも、やっぱり出来ないと言ってお断わりしました。

――勝新太郎が降りて仲代達矢になった、そのあいだのことですか。

章代　あいだです。自分が会いに行って、それで断わるなんて、不届きだという感じですよね。まあ監督のほうでも結局、ダメと思ったのかもしれません。

――勝新太郎が降りたのは、彼の奔放さが認められなかったからでしょう。芳雄さんはいちおう黒澤監督に会いに行ったものの、自分なりに自由には出来ないなと。

章代　そうです。やる前にわかりますよね。

――『影武者』の封切は一九八〇年四月二十六日。『ツィゴイネルワイゼン』の封切は四月十日でした。

章代　ああ、そうだったんだ(笑)。

自分の映画は見ない

――テレビドラマの場合は何で選ぶのですか。

章代　やっぱりディレクターとプロデューサーですかね。で、会って、どんどん話をつくっていく。

――連続ドラマだと何週も続くわけで、芳雄さんはそれをご覧に?

章代　見ないです。映画の場合でも、近年では少し変わりましたけれど、初号試写なんて絶対に行かない。もう終わったものだから。

――どんな画面になっているか確認したくない?

章代　したくない。とにかく、もう終わってしまったものを見たってしょうがない、みたいな感じです。何年も見ないでやっと見たというのもありますよ、映画で。初期の頃は、私を見に行かせる。気になるから。自分は怖いから見に行けない。

——気にはなっているんですね。

章代　ええ、気にはなってる。だから私を派遣して、見させて意見を聞く(笑)。で、そのあと、その役から抜けるまでが大変なの。インするまでがまず大変で、現場に入ったら楽しいんだけど、今度、その役から抜けるのにまた大変なんですよ。たとえば『竜馬暗殺』(一九七四年)なんかをやると、終わっても半年ぐらい「竜馬」が抜けない、日常生活の中で(笑)。だから、つぎの仕事が出来ないんです。

——でも、映画のあいだにテレビの仕事が挟まったりするでしょう。

章代　映画とテレビの掛け持ちは、あんまりしたことがなかったと思います。そんな器用にあちこち出来ないんですよ。特にテレビって、いろいろ役の説明をしなきゃいけないじゃないですか。一瞬にしてどういう人格の人かということを。掛け持ちをしたら、それが出来ない。器用じゃないから。ただ、俳優という職業でご飯を食べている以上、テレビにも出るわけです。

——映画は儲けになりませんか(笑)。

章代　なりませんね。特に芳雄の出る映画って、持ち出すぐらいで(笑)。

——昔の映画を、あのとき自分は何をやっていたのかと、自分で見ることは？

章代　客観的に見られる時期になったら見てました。でも、いまみたいにビデオがあるわけじゃないから、上映されなかったら見ない。

――**芳雄さんは、以前から映画をよく見る人ではなかったんですか。**

章代　あんまり見なかったと思いますよ。

――**俳優になってからは？**

章代　見ないです。テレビもドラマは見ない。バラエティとかお笑い番組とかは見ますけど。

――**自分の仕事と直接には関係ないからですね。**

章代　ほかの人の映画もほとんど見ませんよ。

――**いま、どういう俳優が人気があるかとか、どういう監督がどういう映画を撮っているのか、気になるでしょう。**

章代　あまり気にならなかったんじゃないですか。遊び相手として面白いかどうかということで、人が遊んでるのを見たってしょうがないって感じかな（笑）。

森﨑東との仕事

――**『ツィゴイネルワイゼン』のあと、芳雄さんは歌に力を入れたということで、たしか**

に一九八一年から八四年は映画が少ないですね。

章代　八〇年代の十年間は、自分の中では休んだというか、映画から離れたつもりなんですね。ライブは月一でやってました。

――少ないとはいえ、映画が何本もあります。

章代　私もね、それって何だろうと思っていたんです(笑)。本人は『キスより簡単』から復帰したつもりなんです。

――一九八九年の若松孝二監督作品。

章代　「そこから俺は映画に戻った」と言うんです、本人は(笑)。たしかに手帳を見ると、ライブのリハーサルとか本番とかがものすごく多いんです。だから映画は、メインはやってないんです、この間は。たとえば『卍』(八三年)はけっこうメインですけど、ほかは脇の役ですよ。『ユー・ガッタ・チャンス』(八五年)も。森﨑組ぐらいですよ、役をちゃんとやってるの。

――森﨑東監督の『生きてるうちが花なのよ死んだらそれまでよ党宣言』。一九八五年ですから八〇年代の真ん中です。

『キスより簡単』©若松プロダクション　早瀬優香子(右)と

章代　原発の話ですよね。芳雄の役は原発ジプシーで。すごい映画です。

――芳雄さんの原発ジプシーは沖縄出身で、沖縄のコザ暴動のとき、流れのストリッパーの倍賞美津子と知り合う。章代さん、撮影現場へは？

章代　行かなかったですね。

――森﨑監督とは初めてで、芳雄さんとの接点は何だったったんでしょう。

章代　そうですよねえ。覚えていません、私。プロデューサーじゃなかったかな。

――製作は名古屋のキノシタ映画で、プロデューサーは社外の中沢敏明。

章代　そのときはうちで打ち合わせをするとかなかったから……。たぶんこれが面白かったから『夢見通りの人々』をやったんでしょうね。

――一九八九年の森﨑監督作品で、『キスより簡単』のあとです。

章代　変な役ですよね、芳雄の役は。まあ、脇でちょっと遊んでるみたいな感じで。

――出番は少ないです。

章代　たぶん二、三日しか行ってない。オカマの役で、そんなにシーンなかったから。あの映画は当時、あんまり好きじゃなかったみたいです。でも、そう思ってたけど、『ニワトリはハダシだ』のと

『夢見通りの人々』写真提供：松竹

きに見返したら、「ああ、いい映画だった」と。そのときの自分にはわからなかった、みたいな言い方をしていたのは覚えてます。

――『ニワトリはハダシだ』は二〇〇四年の作品で、芳雄さんは『生きてるうちが〜』に続いて倍賞美津子と夫婦の役。

代章　森﨑さんとはもう一度やってみたいと思ってましたね、ずっと。だから『ニワトリはハダシだ』はかなり入れ込んで。あれは舞鶴の志摩さんていう人が資金を出した。

――シマフィルムの志摩敏樹。これが本格的な映画製作の一本目です。

代章　志摩さんがうちに何回も来て、ホンの打ち合わせをしてました。シナリオライターの近藤さんも一緒に。

――近藤昭二。『生きてるうちが〜』もそうですね。

代章　志摩さん、もう一本、森﨑さんと撮ろうとしてたんですが、成立しなかったんです。それとまた別のプロデューサーで浅草の話があって、ホンがとっても面白かった。

――森﨑監督に言われて、シナリオを読みました。

代章　浅草のお好み焼屋が出てきて……。

『生きてるうちが花なのよ死んだらそれまでよ党宣言』　©キノシタ映画

――芳雄さんの主人公がその店内で演劇をやる。あのホンは面白かった。でも、頓挫しましたね。

章代　資金調達が出来なかったようです。惜しかったですよ。芳雄はとてもやりたがっていました。

若松孝二作品で映画に復帰した

――『キスより簡単』で映画に復帰したのは、どういう思いだったんでしょうか。

章代　ライブも楽しくやって、そろそろ役者心がうずいてきた頃だったと思います。私から見て。で、若松さんとは気が合ったんです。若松さんは、テストもしないし、撮るのが速いから。それが気持が良かったんだと思います。

――リズムが合う。

章代　最初に日活作品に出たとき、現場の進行が速くて、いろんなことを言ってどんどん変わっていったという体験がありますでしょう。それで映画にのめり込んでいった。若松さんのとき、その感覚、感触を思い出したんだと思います。もちろんクランクインすると現場ではほとんど口もきかないんですけれども、大好きでしたね。

――だから、翌一九九〇年『われに撃つ用意あり』、九一年『キスより簡単2　漂流編』、九二年『寝盗られ宗介』と続く。

章代　楽しいんですよね。

――『キスより簡単』ではヒロインの父親の役です。

章代　もうある程度の年齢だから、老け役っていうか、それをやろうかなと思ってた時期なんでしょうね。最初、主役だったのが、ちょっと脇もやらなきゃいけないと言って、ちょこちょこ小さい役もやりはじめて、当然、年齢もいくわけだから、そういう役もやっていこうという姿勢だったと思いますね。歳のいった役をすることに興味は持っていたんですよ。

俳優座のときの芝居は、ほとんど年寄りの役なんです、養成所時代はね。だから、歳を取ってきたら芝居も変わってくるし、どういうふうにやっていくのかということを、そろそろイメージしてきた頃なんでしょう。

――同じ一九八九年に『出張』という映画がありましたね。

章代　これは名作ですよ。監督は沖島勲さんで。何かよくわかんないけど、最高（笑）。

――主役は石橋蓮司。

章代　蓮司さんが主役というのは珍しいでしょう。

――会社員が出張に行ったらゲリラに誘拐されて、ゲリラの隊長が芳雄さん。

章代　森の中にゲリラの一隊がいるんだけれど、訳わかんない（笑）。

『われに撃つ用意あり』写真提供：松竹

――会社員が降りる駅、あれは山形県の上山です。なんで知っているかというと、ドキュメンタリーの監督小川紳介のプロダクションへ行くのに、駅を降りたら、あっ、ここは知ってると（笑）。

章代　あの辺は温泉が多いんですよね。

――その駅の名前が、かみのやま温泉駅。

章代　あのとき、閉じ込められちゃってね、山の中に。芳雄と蓮司さんが、何かいいとこらしいよと聞いた温泉へ、芸者をあげようと意気揚々と出かけたら、全然田舎で、年寄りしかいなかった、とか言ってた（笑）。

――変な映画で、本当に面白い。芳雄さんは楽しんで演じています。

章代　そりゃあ楽ですもの、蓮司さんが主役だから（笑）。やりたい放題です。

阪本順治はとんでもない奴だ

――阪本順治監督との出会いの映画『どついたるねん』（一九八九年）**が続きます。**

章代　荒戸さんはしばらく映画から遠ざかっていて、若手の人たちにホンを書かせて面白いものが

『出張』©アーバン21　石橋蓮司（左から2人目）と

あれば、そろそろ浮上しようかなという時期だったんでしょうね。それが阪本監督だった。

――**芳雄さんは阪本監督と波長が合ったんですか。**

章代　荒戸さんの関係で、新人というので行ってみたら、とんでもない奴だと怒ってましたね、最初。

――**えっ？**

章代　大阪ロケの途中で帰ってくると「もう行かない」とか何とか言って。阪本監督は撮影中、赤井英和さんしか見てなくて、芳雄が一所懸命やっても見てないわけ。だから「あいつは生意気だ」と。自分は何テイクも何テイクもやらされて、監督は赤井しか見てないって、すごい怒ってました(笑)。でも、その根性は認めていたし、何か才能は感じたんですよね、阪本監督に。たしかにいい映画ですもんね。

――**阪本監督にしてみれば、赤井英和はプロの俳優ではないから。**

章代　そう、素人だから。

――**芳雄さんが横にいるから安心できる。**

章代　ちょうどその頃、体を鍛えるのにいろんなことやって、芳雄はいちばんいいと思ってボクシングやってたんです。自主トレで。それもあったから、元チャンピオンのトレーナーの役が面白いと思ったんだと、私は思いますけどね。

――**そのつざが林海象監督『二十世紀少年読本』。やはり一九八九年です。**

章代　海象さんとは前から親しかったんです。あれを最初に撮った頃から、佐野史郎さん主演の映画。

――一九八六年の『夢見るように眠りたい』。

章代　その頃からうちに来てます。それで、『どついたるねん』の前に、あとで平幹二朗さんがおやりになった作品を、芳雄にやってくれと言って、日参してたんですよ、海象さんが。それに裸で駆けるシーンがあって、芳雄はそのために体を絞っていた。だから『どついたるねん』のとき、体が絞れているの。

――一九九〇年の『ZIPANG』ですね。

章代　『ZIPANG』かな。芳雄はやる気になっていたけれど、結局、やれなくて、怒ったから、出入り禁止になるくらいだったんですよ。で、海象さんは平謝りに謝って。

――一九八九年以降、若松孝二、阪本順治、林海象、そして鈴木清順と、個性的な監督との仕事が続きます。一九九二年には深作欣二監督『いつかギラギラする日』も。九七年の望月六郎監督『鬼火』は主役の映画ですね。

章代　これは入れ込んでました。望月さんと毎日うちで打ち合わせして、ホンを書き直して。助監

『鬼火』© 1996山之内幸夫／GAGA PRODUCTIONS　哀川翔（左）と

督の人も来て、二週間ぐらいで撮ったんですけど。

──芳雄さんも意見を言うわけですね。

章代 ええ。ホン作りにものすごく関わりました。ホンを書かれた方も毎日のように来てたし。普通だったらどこかに籠もるんだけれど、うちでホン直しが出来たから、二週間ぐらいで撮れたんだと思います。共演の北村一輝さんも来ましたよ。あ、この人オカマだと思ってたら、オカマの役だったから、もう役を作って来てた(笑)。

──だから、つぎの望月作品『恋極道』(九七年)にも出演した。彼はメジャー出身ではなくピンク映画から出てきて、おカネをいっぱい掛けた映画を撮るわけではない。そのへんは若松孝二に近いところがある。

章代 望月さんは映画から離れていったんですけれど、もっとやりたかったと思います、芳雄は。一時はほんとに仲良しでしたから。

『鬼火』© 1996山之内幸夫／GAGA PRODUCTIONS

第五章　テレビ、ラジオ、若い俳優たち

鉄道模型にハマった

――芳雄さんが『反逆のメロディー』から本格的に映画の出演を始めたのが一九七〇年で、翌七一年は映画六本のほか、テレビドラマが六本。そして七二年には、映画は二本に加えて、テレビは八本あって、うち五本が連続ドラマです。

章代　演劇もやってたから、ものすごく忙しかった。七一年の途中には俳優座を退団しますが、移動演劇をやって。

――そこで、テレビドラマについてお聞きします。一九七一年に『2丁目3番地』というのがありましたね。

章代　『3丁目4番地』(七二年)でしょう。

――同じ浅丘ルリ子と石坂浩二が共演ですが、それは翌年。

章代　ああ、『2丁目3番地』はあれですね。芳雄の役は二階に下宿している気象予報士で、レールを敷いて趣味の模型電車を走らせている。それ以来、鉄道模型にハマったんですよ。演出の石橋冠

さんが喧太に鉄道模型とレールをプレゼントに持ってきたのを、自分が取っちゃって(笑)。

――そのあとが柳生十兵衛を演じた大河ドラマ『春の坂道』(七一年)で、これを終って退団するから、大きな切れ目です。

章代 『3丁目4番地』も石橋冠さんで、『冬物語』(七二～七三年)、『秋日記』(七七年)あたりまで、石橋さんとの蜜月時代です。全部、連続ドラマでね。『冬物語』には大原麗子さんが出ていて、石橋さんは浅丘さんと芳雄をくっつけたかったのに、麗子ちゃんが可愛いから、芳雄の役の気持がどんどん彼女のほうにいっちゃって。で、芳雄を遠洋漁業に出すんですよ(笑)。このまま続けちゃうと、ルリちゃんと最後こうならなきゃいけないのが、やばいというんで、遠洋漁業に出そうということになって、マグロ船に乗るの。

――撮影中に話の展開が変わってゆく。

章代 そう(笑)。ホンを書き直した。

――蜜月という言葉がよくわかります。

章代 石橋冠さんとはすごく気が合って、だから最後になった連続ドラマ『高校レストラン』(二〇一一年)も、石橋さんが監修みたいな形だったので、特別出演しました。吉野洋さんて演出家が石橋さんの一番弟子で、芳雄はもう出ないと言ったんだけれど、石橋さんが監修に就くからと。で、途中までは日本テレビに車椅子で行って、そのうちに入院してしまった。芳雄がテレビドラマに入れ込んだのは、『五番目の刑事』(六九〜七〇年)を別にすれば、石橋冠さんとの仕事ですね。

――いま題名の挙がった『2丁目3番地』『3丁目4番地』『冬物語』『秋日記』、これは石橋冠演出ではないが、その間の『愛について』(七二年)と、浅丘ルリ子との共演が多いです。

章代　息が合ったんでしょうね、きっと。映画はないんですけれど。

――テレビドラマの演出家で気が合った人は……。

章代　いらっしゃいます。TBSの『たとえば、愛』(七九年)のディレクター井下靖央さん。大原麗子さんが主演で。それから『妻はなぜ私を裏切ったか』(八二年)や『夏に恋する女たち』(八三年)の近藤邦勝さん。やっぱりTBSの人で、ほかにも何本かあります。ディレクターと仲良くなると、どういうふうにつくるか、つぎはどんな話にしていこうか、というのが楽しいんですね。

勝新太郎と仲良くなった

――テレビドラマが多くなるなか、『真夜中の警視』(七三年)は十三本続くはずが、七本で打ち切りになりましたね。芳雄さんは元刑事の役で、有線放送の会社を仕切りながら、いろんな事件に関わってゆく。

章代　撮影中、自動車事故が起こって、芳雄が無免許運転ということで打ち切りになったんですね。テレビドラマをどんどんやろうとしていた時期だったけれど。

――翌七四年は一本だけです。勝新太郎主演の連続ドラマ『座頭市物語』に一回ゲストで出たのが七五年。

章代　そのあと、『痛快！河内山宗俊』（七五〜七六年）のレギュラーになったんです。

――『痛快！河内山宗俊』は面白くてずっと見ていました。芳雄さんは浪人金子市之丞の役。

章代　何か謎めいた役で、台詞が少なくて剣で斬るシーンが多いんですよね。

――そのあと『新・座頭市』シリーズにもゲスト出演する（七七年）から、勝新太郎と親しくなった。

章代　そうですね。『痛快！河内山宗俊』の撮影は京都でしたから、ずっと京都に行ってたんです。その日の撮影が終ったら、遊ぶでしょう。勝さんに祇園に連れて行っていただいたりして。あれは二十六本も撮ったから長いんです。その頃、普通のテレビドラマはワンクール十三本だけれど、ツークールだった。その間一緒にいるわけですから、まあ仲良くなりますよね。

――京都に行きっぱなしですか。

章代　いえ、帰ってきては、また行って。京都では石塀小路の「TINTO」という絨毯バーの二階に逗留させていただいた。芳雄はホテル嫌いだから、勝さんのご紹介で石原裕次郎さんがデザインしたそのお店に。毎朝、発声練習をやったりして、面倒をかけたみたいです。

――章代さんも？

章代　京都には行かなかった。子どもたちが小さいので地方へはあまり行かないんです。東京は、石橋さんとの仕事のときなんかは、たまに行ってましたけどね。親しくしていたから、みんなで来てよと言ってくださるので。そうそう、『痛快！河内山宗俊』は映画と同じフィルムで撮っていたんですね。

――当時のテレビドラマは16ミリフィルムで撮っていたが、勝新太郎は35ミリフィルムにこだわった。その後、テレビドラマがビデオ撮りになっても、35ミリで。勝プロの倒産もそのせいだと言われています。

章代　35ミリだと、おカネがかかりますもんね。

歳のいった役が多くなった

――以後、テレビドラマの出演が続きます。

章代　パキさん、藤田敏八さんと、二本やってますでしょう。『家庭の秘密』（七九年）と『崖ふちの真実』（九二年）。

――『家庭の秘密』は宮下順子との共演で、原作は藤原審爾。今村昌平の『赤い殺意』（六四年）と同じ話です。芳雄さんのテレビドラマとしては、そのつぎが前に話の出た鈴木

章代 **清順の『穴の牙』。**

清順さんとでは『悲愁物語』（七七年）と『ツィゴイネルワイゼン』（八〇年）のあいだですね。

――NHKの大河ドラマは『春の坂道』（七一年）**が最初で、以後は少ないです。**

章代 そうですね。『春の坂道』は柳生十兵衛が面白い役だからと言って出ましたけど。それの評判が良かったので、主役のお話を何回もいただいたんですが、やる気がなかったんです。

――同じ七一年の『天皇の世紀』は民放ですね。

章代 ええ。第二回「野火」が吉田松陰の話で、その役でした。大河ドラマはずっとあとの『独眼竜政宗』（八七年）。山形の最上義光は政宗の伯父だけど敵対していて、突然、火鉢を蹴飛ばしたりする暴れ者の殿様なんですよ。山形県の人が「うちの殿様はあんな人じゃありません。立派な人です」って（笑）。

――楽しんで演じたんでしょうね（笑）。

章代 私は現場には行ってませんが、芳雄が撮影から帰ってくるなり「蹴飛ばしてきた、志麻さんに」と。妹の役の岩下志麻さんに向かって火鉢を蹴飛ばしたんです（笑）。

――時代劇ではその前に『徳川風雲録　御三家の野望』（七八年）**があります。**

章代 正月にやる民放の十二時間ドラマですね。

――山内伊賀介という浪人の役で、徳川家光の御落胤と称する天一坊を押し立てる。

章代　見たと思うけれど、記憶にないですね。大河ドラマ『義経』（二〇〇五年）は近いから覚えていて、芳雄の役は湛増という熊野水軍の頭領で、迷った末に義経に力を貸すんです。その頃は毎年、熊野の火祭りに行ってたので、わりあいすんなりお受けしました。

――ＮＨＫといえば、『おシャシャのシャン！』（〇八年）**があって、これの延長線でのちに映画『大鹿村騒動記』**（一一年）**が撮られる。**

章代　『おシャシャのシャン！』では脇役で、大鹿歌舞伎の看板役者をやるのが決まっていたのに、ぎっくり腰になって、やれなくなる役なんです。

――長野県大鹿村の人々による歌舞伎だから、芳雄さんの役は村人ですね。

章代　雑貨屋さん。大鹿村出身の方がシナリオを書いて応募して通って、大鹿村で撮ったんです。いまはずいぶん活躍なさっている歌舞伎役者の尾上松也さんが主演で。芳雄はそのとき初めて大鹿歌舞伎のことを知って、毎年、見に行くようになりました。

――たしか年に二回。人気があるので宿屋は半年前に予約しておくとか。

章代　ええ。テレビの撮影は秋だったんですよ。で、帰るときに、翌年五月の公演の宿を予約してきて、みんなで見に行きました。

――テレビドラマで印象深かったのはＮＨＫ広島局の『火の魚』（〇九年）**です。**

章代　ＮＨＫ本局の黒崎博さんがあれを撮りたくって、わざわざ広島局に所属して作ったんです、

『火の魚』。広島局ってわりあい自主作品を作ってるんですよ。最初、広島局でしか放映されなかったんだけれど、全国放送になって。たくさん賞もいただいて、評判が良いので、たしか映画館でも上映しました。

――室生犀星の自伝的な小説が原作で、幻想性もあって見応えがある。

章代　ディレクターの黒崎博さんは、そのあと本局に戻って、朝ドラの『ひよっこ』(一七年)とかを撮ってます。

――芳雄さんは室生犀星になりきって素晴らしい。

章代　『火の魚』のときはもう一度目の手術はしてたんですよ。

――そうなんですか。とてもそうとは思えない。

章代　キャリアも長いわけだから、その頃、歳のいった役が多くなったんですよ。

――吉田茂をやりましたね、『白洲次郎』(〇九年)で。

章代　NHKの人の口説き文句が凄かった。「似てる」と言い張るんですよ、芳雄が吉田茂に。こっちは「似てませんよ」と言うのに、写真を持ってきて「顔が似てるんです」(笑)。ずいぶん断わったのに、「ホラ、こんなに似てる」って。全然似てないのに(笑)。

――でも、芳雄さんとしては、実在の伝説的な人物をやるのは面白かったのではないでしょうか。

章代　どうですかね？　やりにくいですよね、やっぱり。もっと昔の人であれば、また違いますけれど。でも、演説のテープかなんかをもらって、研究していました。

――『不毛地帯』（〇九～一〇年）の社長役も迫力がありました。そういった役は映画ではあまりない。

章代　そうですよね。あ、『亡国のイージス』（〇五年）の首相役があった（笑）。阪本順治監督が首相役を持ってきたんですけれど、芳雄は「なんで俺が首相をやるんだ」みたいな感じでね。でも、企てたのです。どうしてもやらせたくって（笑）。

――企てるって？

章代　本人がまだ知らないうちに、阪本監督に「カントク、直訴しなさい。やるように私が仕向けておくから」と言って。本人は「絶対やらない」と言ったんですけれど、私が「でも、ここでやってあげなきゃだめだから」って言って。それで、渋々やったんです。

トーク番組あれこれ

――テレビではドラマ以外のトーク番組、『徹子の部屋』とか『笑っていいとも！』とかの出演も結構多いんですね。

章代　『笑っていいとも！』は何度も出てますね。タモリさんとは仲良しだったから、楽しかったたんでしょう、十五分くらいのトークが。

──**芳雄さんはおしゃべり番組が好き？**

章代　嫌いです（笑）。だけど、タモリさんとは、何か遊んでる感じでしたね。ほかの人たちにはわからないようなおしゃべりをやって。『笑っていいとも！』では、出てる人が誰かつぎの人を選ぶでしょう。何人か候補を出して、そこからスケジュールが合ったりテレビ局として好い人を選ぶんですよね。だから、誰かが映画の宣伝かなんかに出て、芳雄に回ってくると断わらないで出るという場合もあった。

──**すると、必ずしも楽しめるわけではない？**

章代　いや、楽しんでましたよ。喜んで行ってましたもん（笑）。半年くらいは仕事をしないで家にいたので時間はありますし。

──**半年も家にいることはあるんですか。**

章代　手帳を見ると、わかりますよ。一つ終えて抜ける癒しの時間と次にインする体力を貯める時間が必要で、家にいるのが好きだから、本を読んだり、人を呼んで飲んだり、鉄道模型をやったり。だいたいずっと半年は家にいることが多かった。

──**『徹子の部屋』は？**

章代　最初に出たときの映像を、『徹子の部屋』の芳雄の追悼特集で見たんですよ。石橋蓮司さんが黒柳徹子さんと話すんですが、三回くらいかな、芳雄がこれまでに出た映像が流れるんですが、一回目はずーっと下を向きっぱなし(笑)。長髪にサングラスをかけて、煙草を吸いながら、ぼそぼそっと話して、徹子さんと目も合わせない(笑)。あれは何年頃だったのかしら。

――一九七九年ですね。

章代　トーク番組ではありえない感じ(笑)。『笑っていいとも！』に出始めるのはそのあとで、本人も慣れていったんでしょうね。お笑いが好きだったんで、ダウンタウンさんの番組に出たり、ウッチャンナンチャンさんの番組に出たりしてました。どういう基準で選んでるのかわからないけど、ちょっと面白そうなのには。

――いわゆるバラエティ番組は？

章代　一本ぐらい何かで出たと思うんですけれど、「やっぱりダメだった」と。

――『タモリ倶楽部』もバラエティ番組の部類に入りますが、芳雄さんのコーナーは独特です。

章代　鉄道のコーナーだから、「仕事じゃない」って、意気揚々と行ってました。電車に乗れるし、人の見られないいろんなものが見られるし、楽しくてしょうがない。最初に出たのは「電車が見えるバーで飲む」とかいうコーナーで、松尾貴史さんを入れて三人で飲んだんですけど、『タモリ倶楽部』って三十分の番組なのに、バーで盛り上がって、その一つのコーナーだけで三時間くらいになっちゃった(笑)。で、二週にわたって放映するみたいなことがあったりして、鉄道コーナーがシリーズ化されたんです。番組内に「タモリ電車クラブ」というのが出来て、会員番号の1番がタモリさんで、2番が芳雄なんです。それはずっと大事そうに持ってましたものね。いつも財布に入れて。

――歌番組は？

章代　『夜のヒットスタジオ』に出ましたよ、もちろん歌で。タモリさんがホスト役の『今夜は最高！』では美空ひばりさんとゲスト出演して、ひばりさんとメドレーをデュエットで歌って寸劇もして（一九八七年）。

――テレビのドキュメンタリー番組もありますね。

章代　ナレーション。大好きなんですよ、ナレーション。自分でも「うまい」と言って。ナレーションって、感情を入れちゃまずいと言っていて。入れると押しつけになるから。自分が感情を入れないようにして出来るので、好きでした。ラジオドラマも好きでしたね。二〇一一年の東日本大震災のとき、市原悦子さんなんかと一緒にラジオドラマを録ってる最中で、スタジオの中も地震で揺れたから外へいったん出て、治まったから全部録った。

――『飛ばせハイウェイ、飛ばせ人生』ですね。ラジオドラマは声だけというのが気に入ったのですか。

章代　小さいとき、テレビじゃなくてラジオで育ってるでしょう。ラジオドラマとか浪曲とかを聞いて育った。その印象があったんだと思います。ラジオドラマは断わりませんでしたよ。声だけで想像がふくらむというのが好きだったんじゃないですか。

若い世代との交流

――二〇〇〇年以降、芳雄さんは映画でもテレビドラマでも若い俳優との共演がだんだん増えました。

章代 そうですよね。映画では、『PARTY7』(二〇〇〇年)のとき、浅野忠信さんとやって、面白いというより、すごく驚いていましたね。こう来るかなと予想していたら、思いもよらない芝居で、俺にはああは出来ないと言って。あんなふうに作ってくると思わなかったと帰ってきて言ったのをよく覚えてます。そのあと『父と暮せば』(〇四年)のとき、今度は浅野さんが脇で出たじゃないですか。で、浅野さんも脇役に興味を持つようになったんだと喜んでいましたね。

――息子を見るような目で若い世代と接している。

章代 『ナイン・ソウルズ』(〇三年)のときも、松田龍平さんたちとほんとに喜んでやってましたよね。若い人では妻夫木聡さんが好きでした。

――『どろろ』(〇七年)は良かった。

章代 妻夫木さんは、すごく芳雄のことが好きで、懐いていたんです。うちのお餅つきにも来たとき、えらい騒ぎになってるから何だろうと思ったの、私。そうしたら近所の人たち「妻夫木さんが来てる！」(笑)。素直ないい人です。人懐こくって。

――ジャニーズ系の人との共演も多い。

章代　テレビドラマが多いのですが、芳雄はみんな好きでしたね、ジャニーズの人。『大化改新』(〇五年)で共演した岡田准一さんとか。そのあと、映画『花よりもなほ』(〇六年)でも共演して。元SMAPの人とも、テレビドラマで親しくなった。中居正広さんは『ブラザース』(九八年)『砂の器』(〇四年)、木村拓哉さんは『エンジン』(〇五年)。オファーが来たとき、「中居くんだから出る」ということがあったと思います。香取慎吾さんとは阪本監督の『座頭市　THE LAST』(一〇年)で共演したでしょう。稲垣吾郎さんと草彅剛さんだけはしてない。

――父親もしくは父親のような役がほとんどです。

章代　『砂の器』も『エンジン』も。『美味しんぼ』(九四年)も父親役だったんじゃないかしら。食べなきゃいけない役だから、「画面で食べるには好きじゃない」と厭がってましたね。あ、やっぱり唐沢寿明さんのお父さんの役ですよ。でも、最初の一回だけ。唐沢さんは多いんです。『ハチロー　母の詩、父の詩』(〇五年)では芳雄はサトウハチローの父親佐藤紅緑の役。それから『不毛地帯』(〇九～一〇年)もあって。

――まだまだいるでしょうね。さっきの『白洲次郎』の伊勢谷友介とか。

章代　伊勢谷さんのことも好きでしたね。それから松山ケンイチさんも。孫家邦さんがプロデュースした映画があったでしょう。

――横浜聡子監督『ウルトラミラクルラブストーリー』(〇九年)。

章代　あの松山さんは面白いって言ってましたね。でも、若い人のなかには、あんまり近寄ると危ないと思う人もいたんじゃないかしら。江口洋介さんはうちの喧太と仲が良かったから、ときどき来てましたけど、もっと芳雄の話を聞きたかったと言ってますね。

第六章　『大鹿村騒動記』前後

医者も薬も嫌い

――芳雄さんの病気がわかったのはいつですか。テレビドラマ『火の魚』(〇九年)のとき、もう一度目の手術をしていたというお話でした。

章代　病気がわかったのは二〇〇八年です。『白洲次郎』の現場から帰る途中にお腹が痛くなって、初めて大腸癌とわかった。行く前に「何か立ちくらみするんだよね」と言ってたんです。出血してたんでしょうね。お腹が痛くなったのに、それでもお医者さんに行かないと言って大騒ぎして……。

――入院は……。

章代　十月三十一日。私の誕生日でした。緊急で、もう病室を押さえているのに、それでも「行かない！」と大騒ぎになって、無理やり引っ張って入院しました。

――『白洲次郎』の撮影は二〇〇八年八月にスタートした。三回の連続ドラマで、放送は翌年二月、三月、九月。

章代　芳雄の入院で予定が変わったんだと思います。

――映画『歩いても歩いても』は二〇〇八年六月の公開だから……。

章代　あれは前の年に撮ったから、まだ病気じゃないですね。

――芳雄さんは、体つきが逞しい感じがするんですが、若い頃から体を鍛えることに関心があったのですか。

章代　あったと思いますよ。高校時代は柔道をやってたし、俳優座のときも空手をやってたりして。

――ジムへ通って？

章代　いえいえ。ジムは嫌いでしたね。必ず自分でやるんです。トレーナーがいないから、ずいぶん失敗しましたよ。バーベルを持ち上

『大鹿村騒動記』©2011「大鹿村騒動記」製作委員会

げるとか、無理なことをして心臓を悪くしたりとか。結局、落ち着いたのがボクシングで、同じメニューをこれは毎日欠かさずやる。

――気を配っていたんですね。

章代 だからやるんですが、どこかのジムに行くのは好きじゃなくて、ましてトレーナーの言うとおりにするのは厭（笑）。メニューは自分で開発する。人の言うことを聞くのが厭だったんでしょう。トレーナーって横にべったりいますもんね。

――過去に大きな病気をなさったことは？

章代 ないんですよね、だから……。胃が痛くなるのはしょっちゅうあったんですけどね。たぶん胃潰瘍でしょう。とにかくお医者さんに行かなくて、自分で漢方薬を飲んだりいろいろして。風邪を引いて扁桃腺の熱で四十度くらいになったりはしました。

――とにかく医者は嫌い？

章代 大嫌い（笑）。薬も嫌い。皮膚にぶつぶつが出来たりしても、お医者さんには行かないで自分で治して、それでもにっちもさっちも行かなくなって私が強引に連れていったら、一日で治ったとか（笑）。

――徹底してますね。

章代 だから、最後ももっと早く行っておけば、きっと……。胃は何回か検査したんですけどね。

――**定期検診は？**

章代　しないです。まったくしなかったですね、いくら言っても。

――**午を取ると気になりますが……。**

章代　気にしなかった。怖いということもあるんでしょうね、きっと。

――**そのぶん自己管理はやる。**

章代　ええ。たとえば夕ご飯にお米を食べると太るから、食べないとか、そういうことはしてました。やっぱり太るのは好きじゃなかったですから。

――**酒を飲む機会は多いでしょう。**

章代　それは毎日ですからね。若いときは三日間飲み続けたり。

――**前に聞いた手帳の話は自己管理と関係がありますか。**

章代　手帳といっても、「明日はこのシーンこのシーンこのシーン」と書いてあって、特別なことがあれば「誰々が来た」みたいに書いてありますけれど、基本的には明日やるシーン。最初にシナリオを全部チェックして、自分の出るシーンを手帳に書き出して、やれたシーンを消していくわけ。香盤表は毎日来ましたけど、終わったら捨てちゃう。

『大鹿村騒動記』撮影現場で。阪本順治監督（右）と

――仕事中のメモみたいなものを取っておく習慣は？

章代　ないですね。現場が終わったら終わり！（笑）

――手帳はあくまで予定表なんですね。

章代　詳しい感想なんかが書いてあるわけではなくて、海外だったり地方だったら、朝昼晩に何を食べたとか、トレーニングしたとかしなかったとか。必ず書いてあるのは「宿酔」。これはしょっちゅう書いてあります。その意味では、体調管理的なところもあったのでしょうね。

カラオケは大嫌い

――手帳は字を書くのが面倒だと続きませんが、文章を書くのは？

章代　わりあい好きなようでした。あれの元は落語なんです。必ずオチをつける。書けない書けないって言いながら、うまくオチがつくと嬉しいわけですよ。得意そうに私のところへ見せにきて、「どうだ」（笑）。

――読書家でしたか。

章代　本はいっぱい読んでました。読み方が独特で、自分の中で消化するんですよ、その本の内容を。で、いろいろ話すうちに自分のものにしちゃう。自分が考え出したみたいな感じでみんなに話しているんですけれど、どこから引っ張ってきたか、私にはわかっちゃう（笑）。

――それは一種の才能です。

章代　ええ、才能(笑)。おしゃべりもうまいですからね。

――浪曲は小さな頃からラジオで聞いていたという話でした。

章代　たぶん文章の元は落語と浪曲なんです。一緒になった頃は、毎晩、落語をやってくれてましたから。この人について書いて下さいとか、推薦文なんかを頼まれると、喜んで書いてました。それなりのオチをつけて(笑)。

――字に味があって、ボキャブラリーも豊富です。

章代　生まれつきのセンスでしょうね。

――俳優以外のものになれたかも……。

章代　でも、小説家とかにはなれなかったと思います。いちばんなりたかったのは歌手でしょうけどね。

――だから俳優として成功し、歌も歌った。ひとりで歌うことは？

章代　ライブがある前はね。練習ですよね。

――カラオケは？

章代　ああ、カラオケはもう大嫌いです。カラオケは歌えない。自分なりの歌い方にしちゃうから。でも、ライブがなくても、自分でギターを弾いて歌ってましたね。俳優座養成所時代もいつもギターは持って行ってたようです。

――親しい仲間と宴会になって、歌っちゃうとか。

章代　歌ってましたね、ギターを出してきて。画家の黒田征太郎さんと飲んでるときなんか、普段は雨戸を閉めないんだけど、雨戸を閉めて歌ってましたね、征太郎さんも一緒に。近所迷惑になるから、雨戸閉めましょうと言って(笑)。

――それで「リンゴーーの花ーーびらがーー」(笑)。

章代　だからカラオケは『赤いスイートピー』しか歌えない。あれならかろうじて歌えたみたい(笑)。昔はカラオケがなかったけれど、途中から現場の打ち上げのあとにカラオケに行くのが流行ったでしょう。それ、すごく厭がってましたね。行っても決して歌わない。打ち上げのカラオケが習慣になっちゃって。むかしの打ち上げは何が起きるかわからないから、臨戦態勢でね、作品に対してスタッフ、キャストがいろいろな意見を言ううちにモメて殴り合いになったりするから、動きやすい格好で行ってました。いまはカラオケに行っても、つまんないって(笑)。

――もうカラオケも行かなくなったんじゃないですか。

章代　映画の撮影がアップしても、打ち上げなしで終わることが多いらしいですね、最近は。以前は一次会、二次会、三次会とかってありましたけどね。阪本組なんか、芳雄は出てないのにうちで二次会とかをやって。芳雄が帰ってきたら阪本監督やスタッフがばーっといて、私も一緒にいて、ワーワー騒いでましたよ。「何だ、俺は出てないぞ」って（笑）。

撮りたかった映画

——本を読むとき、やっぱり映画になるかどうかを考えていましたか。

章代　若い人が書いた本でも、何か映画化できるものはないかなみたいな感じで、読んでましたね。ずっと探してましたよ、老人が元気な話を。

——木屋であれこれ探すのですか。

章代　それもあるでしょうけど、娘の麻由が前田司郎さんという劇作家のファンで、その人の本を持っていて、渡したんです。お爺さん二人が出てくる話。で、読んで、「これは途中までものすごく面白いけど、ラストのほうが、映画にできないな」と。そういう感じで、年寄りが元気な話みたいなのは探してましたね。海外には年寄りが主役の話ってありますけれど、日本はその土壌はあまりないようですね。

——読むのはやっぱり映画化が前提なんですね。

章代　映画化できるものがないかなと思って本を読んでる、と本人は言ってました。そうそう、船戸与一さんの『夏の渦』、あれは気に入ってた。

——のちに『ＥＤＥＮ』（二〇一五年）という映画になりました。

章代　藤沢周さんの小説は、「この人の本は映画化に向いてる書き方だな」と何作かは読んでますね。「これはできる」というのには当たらなかったみたいなんですけど。

――芳雄さんと映画との関わり方としては相米慎二監督『魚影の群れ』（一九八三年）がユニークですね。出演していないのに歌が流れる。

章代　あれがよくわかんないの、なんでそんなことになったのか。エンディングにアンリ菅野さんとのデュエット『Bright Light, in the Sea』が流れるんですよね。

――クレジットではイメージソング。

章代　相米さんは仲良しだったんですよ。やりたかった監督なんですけど、何かご縁が無くて、亡くなられましたからね。

――芳雄さんが監督をやろうと思ったことはないんですか。

章代　ありました。中上健次さんの小説『日輪の翼』です。

――あれを自分で監督したかった？

章代　最初、私が小説を読んで、映画にしたら面白いと、中上さんにお話したら、中上さんが「韓国の監督がいい」と。イ・チャンホという人がいるとおっしゃるので、一緒に韓国へ行ったんですよ、中上さんと私と。で、お会いして、中上さんにいったん「いいかもしれない」と言ったものの、翌日、私はどうしても違うと思ったから、「中上さん、ごめんなさい、やっぱりあの人じゃないと思う」と言ったんですよ。そしたら中上さんが「そうか。それなら芳雄さんだな」って。それから芳雄もその気になって、ずっと、やろうとは思ってました。

――**中上健次は自分で脚本を書くつもりだった?**

章代 書いてくれたんです。書いたけど、原作の小説とほぼ同じで、すごく長い。少し書き直そう、というときに亡くなっちゃった。だから、第一稿はあるんです。だけど、とんでもなく長いし、映画じゃないので、短くしてさらに書き直す、と。

――**『日輪の翼』は、紀州熊野の老女たちが若者とともにトレーラーに乗って旅をする物語で、いくつかの話から成っている。**

章代 トレーラーであちこち旅して、最後に皇居に行く。高速道路を走るんだけど、もう高速道路では撮影ができなくなっていました。じゃあどういうふうにするかと、ずっと構想は練ってましたね、芳雄も。だから中上さんと二人でやればよかったけれど、中上さんが思いのほか早くお亡くなりになってしまった。

――**中上健次が亡くなるのは一九九二年八月。**

章代 最後に中上さんが慶応大学病院に入院しておられたときに、病院の近所の店でお会いして、「ちゃんとまとめようね」って話をしたあと、亡くなったんで、立ち切れになってしまいました。

――**章代さんが韓国までイ・チャンホに会いに行った話から始まって、全部すごい話で**

すよ。

章代　韓国に行ったとき、中上さんは私に「あなたがプロデューサーをやれ」と言ってらっしゃいました。でも私もよく言ったと思うんですよ。前の日に「いいですね、イ・チャンホ」と言いながら、明くる日には「違う」　なんて(笑)。

——イ・チャンホの映画は？

章代　たしか二本ほど見ていました。でもね、何か違うんだわと思って。そのへんは女の図々しさというか、知らない者の図々しさっていうか(笑)。ほんとうに今から思うと冷や汗もので、大変失礼なことをいたしました。

——芳雄さんが撮りたかった映画でいえば、股旅ものですか。

章代　ずっと撮りたがっていた。だから、だんだん時代劇が撮れなくなっていることを悲しんでいましたね。台湾の田舎だったら撮れるとか、そういうことも言って。やっぱり時代劇も好きだったんですね。

闘病の日々

——病気がわかったのは二〇〇八年で、翌〇九年は『ウルトラミラクルラブストーリー』『黄金花　秘すれば花、死すれば蝶』とユニークな映画が続きます。

章代　『黄金花』のときは面白がってやってましたね。木村威夫さんの監督で、木村さんの教えている京都造形大学の学生もスタッフでついていて。

――『ツィゴイネルワイゼン』（一九八〇年）**の美術監督。**

章代　よくわかんない映画でしたね。いまから思うととても面白い。

――芳雄さんに京都映画祭にゲストとして来てもらって、『竜馬暗殺』（一九六四年）**について僕が聞き役でトークをやりましたね。あれが二〇一〇年の秋で、僕は病気のことをまったく知らなかったんです。煙草をやめてらっしゃったことが気になった。**

章代　煙草はもっと前に一度やめて、また吸ったことがあったんです。歌を歌うとき、もう少し音量というか幅を広げたいので、吸うのをやめたんだけれど、また吸って。それで、芳雄が『ナイン・ソウルズ』（〇三年）のとき、私が胃癌になって、芳雄はやめたんですよ。胃癌は手術して治りました。

――京都映画祭のとき、章代さんは吸っておられました。

章代　芳雄がやめたのにずっと吸ってるから、私、評判が悪いんです（笑）。

『大鹿村騒動記』撮影現場で。佐藤浩市（右）と

――『大鹿村騒動記』（一一年）**のとき、あとで阪本順治監督から聞きましたが、もう病気のことは監督には……。**

章代　わかってました。それで、芳雄としては春に撮影をやりたかったんですけれど、阪本監督が東映の『北のカナリアたち』（一二年）が先に決まっていて、すごく早くなって秋に撮ったんです。

――二週間ぐらいで撮りましたよね。

章代　そうです、ちょうど二週間。

――芳雄さんは大鹿村ロケに行きっぱなし？

章代　行きっぱなしでした。私も初めてベタつきでした。時間がないし予算もないし、夜間シーンが多かったから、きつかった。ただ、段取りはとても良かったですよ。イン前にいつものように家で脚本の打ち合わせは出来てるし、石橋蓮司さんにしても岸部一徳さんにしても、大楠道代さんにしても、みんな芝居がわかってる人たちだから。そんなに時間をかけて撮るというのではなかったです。

――僕は一日半、現場へ行きましたが、まだ病気のことを知らなくて、芳雄さんが大病だという印象はなかった。

『大鹿村騒動記』©2011「大鹿村騒動記」製作委員会　小倉一郎（左）と

章代　本人は腰が痛かったんですよね。狭窄症があったので。腰が痛いのはほんとに大変でした。その頃は化学療法をしてましたが、実はお医者さんは冷や冷やだったみたいです。現場にいる私に電話かかりてきて下さって、「いつでもヘリを飛ばします」と。だけど私たちは、そんなに大ごとだと思ってなかった。まあ本人がそうだったのですけれど。あとから考えてみると、ああ、あのとき先生があゝいうふうにおっしゃったのは、相当のことだったんだなと、亡くなってから思いました。

――ご本人には、最後の映画になるという意識は？

章代　なかったです。最後に病院に入って動けなくなったときも、「蓮司と股旅ものをやりたいね」とか言ってましたから。

――『大鹿村騒動記』の公開に合わせて、日本映画専門チャンネルで「原田芳雄自選20本」でしたか、これまでの映画を放映することになり、毎回、芳雄さんにその作品について僕がインタビューすることになってましたね。それの録画の日程が何回も先送りになるのでハラハラして。結局インタビューは出来なかった。

章代　そうでしたね。声が出なくなってきてたんですよ。喉のへんに何かこう、転移っていうのか、声帯に悪さをしていて。テレビドラマ

『大鹿村騒動記』撮影現場で

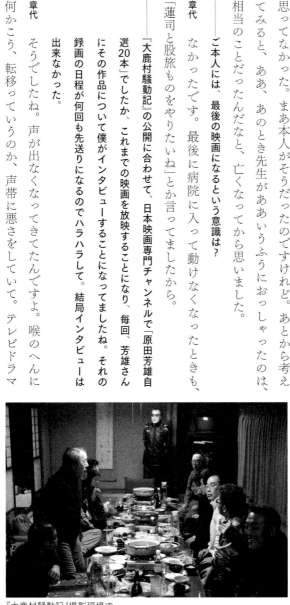

『高校生レストラン』の収録も、最後は病室に来ていただいて音を録りました。『大鹿村騒動記』の最初の上映を大鹿村でしたんですけれど、そのとき挨拶する声がかすれました。その前に抗癌剤を替えたんです。『大鹿村騒動記』を撮ったあと。その抗癌剤の副作用で髪が抜けるというので、丸坊主にしたんです。『高校生レストラン』がちょうど僧侶の役だったんで。

――**聞いているだけで悲しくなります。**

章代　TBSのテレビドラマ『南極物語』も決まって衣装合わせもしていました。だから、入院した当初も、私たち家族を含めて最後になると思っていませんでした。

たくさんの人に見てもらいたい

――**『大鹿村騒動記』の封切直前、二〇一一年七月十一日、新宿の映画館バルト9で完成披露試写会があって、芳雄さんが舞台挨拶に出られたのにはびっくりしました。**

章代　もう皆さん、びっくりなさった。本人に何度も確認したんですよ。「ほんとに行くのか」と。「行かない」とは一回も言わなくて、毎回「行く」「行きたい」って。

――**お客さんからすれば、かっこ好いスターがかっこ悪い姿を見せていることになるわけで、衝撃でしょう。僕は客席にいて、俳優原田芳雄はスゴイと思いました。**

章代　体調が悪くて苦しいのに、本人は迷ってるとかじゃなくて「行きたい」と言って、「俺はこの

『大鹿村騒動記』をたくさんの人に見てもらいたいから」と。じゃあ行こうということになった。菊地美世志プロデューサーが車の手配をしてくれて、大変お世話になりました。『大鹿村騒動記』は初号試写で見て、気に入ってたんだと思いますよ、すごく。自分が主演を張った好きな映画をやっぱり見てほしいということです。行って舞台挨拶もしようと。

――満席でしたね。

章代　びっくりしました。楽屋はやっぱり大変で……。阪本監督は何度も病院にいらしてたんですけど、役者さん同士って、病気の姿を見られるのは厭だと思うからと言って、大楠道代さんはいらしてなくて、石橋蓮司さんも来たことがなかったんで、楽屋で初めて会ったんですよ。だから騒然として……。でも、あれは良かったんです。あとで荒戸源次郎さんなんかもいらして会えたから。本人もすごく楽しかったと言っていました。元気になって帰って。だって、二か月くらい病院に缶詰でしたもんね。本人にとっては発散になったんでしょう。

――医師の方も楽屋に?

章代　ええ。癌研の先生が四人、スタンバイすると来てくださいました。化学療法の水沼信之先生がジオラマ好きで、話がすごく合ったたん

『大鹿村騒動記』撮影現場で。大楠道代(右)と

ですよ。鉄道オタクで（笑）。治療とは関係なく鉄道展に一緒に行ったりしてました。で、若手の先生は送り迎えしてくださって、ほかの先生は映画を見て帰られて。水沼先生にはほんとうに大変お世話になり感謝しています。葬儀の最後の弔問客が先生で、かけつけて来てくださって、いまでもそのお姿が目に浮かびます。

――翌日の報道が凄かったです。

章代　新聞に「原田芳雄　激やせ」とかいっぱい出て、本人は厭がるかなと思ったら、スポーツ紙も全部チェックしていました（笑）。一面トップで大きく出たから、本人はこれで傷つかないかなあとか、そういうふうに言われるのは厭じゃないのかなとか、私たちは心配だったんですけど、そうじゃなかった。娘の麻由がその翌日に病院からアルバイト先に行って、風邪を引いたんです。芳雄は免疫が下がってるので、風邪の人は近くに寄れないと思って、「今日は病院に行かずに家に帰る」と電話をしたら、「こっちに戻ってくれば。新聞に麻由のこともいっぱい出てるよ」って（笑）。

――世間の評判を楽しんでいたのでしょうね。自分の出ている映画の評判については気にする人でしたか。

章代　最初は気にするほうじゃなかったですね。でも、途中からは気にしはじめたのかな。評判がいいと嬉しがっていました。

――多くの人に見てもらいたいとは思っていたでしょう。

章代　ええ。たとえば『ニワトリはハダシだ』(二〇〇四年)は公開が小規模になったので、残念がってました。好きな作品はやっぱりたくさんの人に見ていただきたいと思っていたんですね。少し前では『浪人街』(一九九〇年)のとき、事件で公開が遅れたでしょう。ちょっと悔しかったようです。

――その意味では『大鹿村騒動記』には入れ込んでいたんですね。

章代　本当にそうなんです。阪本監督がどんな題材がいいか迷ってるとわかった日に、大鹿歌舞伎の資料をドサッと渡しましたからね。ずっとやりたかったんだと思います。自分が撮った写真も全部ひとまとめの袋に入れて渡しましたから。『大鹿村騒動記』は相当やりたかった作品なんですね。

ひとつの時代の終わり

――『大鹿村騒動記』は七月十六日に封切られ、芳雄さんは十九日に逝去されます。その間、章代さんと麻由さんは……。

章代　病院にずっと泊まってました、たまに麻由と交代して。週刊誌が嗅ぎつけて、うちを張ってたんです。だから、あとは麻由と二人で泊まりました。

『浪人街』写真提供:松竹

―― 新宿バルト9のあと、いっぱい記事が出たからですか。

章代 少し前、『高校生レストラン』を病室で撮ったりしたんですけど、その頃に、週刊誌が嗅ぎつけて、家の前で張っていたんです。

―― 家族に取材しようと。

章代 そうそう、たまたま芳雄が外泊届を出して、うちに着いたら、記者の人がいたことがありました。その人は張り込みの一日目だったらしいんですが、芳雄が目の前で車から降りてきた、運がいいことに(笑)。で、翌日から、私たちのどっちかが病院に泊まると、家に一人になるじゃないですか。誰かまた記者が来たりとかすると面倒だから、二人とも病院に住みました。うちは空き家にして。

―― 芳雄さんは嬉しかったでしょうね。

章代 ええ、喜んでました。それまでは、夜になると、どちらかが家に帰っていたから、「今日はどっちがいるんだ」と毎日聞いてたんですけど、もう聞く必要もなくなったから。

―― 喧太さんは？

章代 仕事をしてましたから、行くのはときどき。でも毎日、ギルド・Bの役者さんが、朝八時から夕方、食事が終わるまで、交替でいてくれた。マネージャーの人がスケジュールを組んでくれたんです。芳雄が朝八時に来てほしいと言って、八時に呼ぶのは可哀想だし、私たちも八時よりもう少しゆっくりしたいから、少し時間を遅らせてほしいと言ったら、「八時がいいんだ！」と怒っちゃってね。まあ、車椅子を押したりはありますから。

――**車椅子で出かけるんですか。**

章代　起きたらすぐ、車椅子でどこかへ行こうと言うんですけれど、行くところはあまりなくて。余談になりますが、ギルド・B所属の役者さんについて言えば、芳雄は俳優座は出てしまいましたが、養成所はとても素晴らしかったと言ってました。その頃はもうそういう場所が中々なかったわけですから、若い方たちが役者を志したいときに、もちろん審査はしますが「付き人」という形でついてもらって、演技指導とかはしませんが、台本の打ち合わせや監督打ち合わせに同席、もちろん飲む場合は可能な限り同席で、現場をみて勉強せよという感じでした。自分を育ててくれたことに恩返しをしたいと。いまから思うと死ぬとは思ってはいないのですが、病院でも役者の生き様をみせていたのではないかと思います。声が出なくたっても「あいうえお」表を書かせて発生訓練しながら会話しておりました。いまは各々違う事務所に所属したり、様々ですが、年末の餅つきにはみんな集まって最後の一臼はギルド・B餅を搗きます。現場やアルバイトの合間をぬって病院に来てくれて、感謝しています。

――**意識は最後まではっきりしておられたのですか。**

章代　はっきりしてました、当日の朝くらいまでは。前日は、遅くまで石橋蓮司さんが来てくださって、喧太も来て、一緒に話してましたから。

――**前の日ですか。**

章代　ええ。前の日の朝から体調がおかしくなってきたから、石橋さんに電話をしたら、「じゃあ、いまからすぐ行く」とすぐ来て、夜までいてくださったんです。で、大丈夫だとお帰りになって、勝村政信さんを呼び出して飲んで、あまりに深酒をしたために、翌日、亡くなったという電話を私がしたのだけれど、二日酔いで病院に来れなかった(笑)。石橋さんは「俺は家のほうに行く」と言って、芳雄が家に帰ったあとにいらした。

――**章代さんと麻由さんがずっと病院に泊まり込んで、最後の前夜には石橋蓮司がいらっしゃったとは、芳雄さんは寂しくなかったでしょうね。**

章代　芳雄はね、私は病院にいるもんだと思ってるんです。だから検査に行くときも、自分が検査室に入ると「ここに座るとこがあるから」と。一人で泊まるなんて思いは全然なかった。

――**昔からそういう方だったのですか。**

章代　そうですね。まあ病院が駄目だったんです。家にいるぶんには、二週間とか三週間とか、一人でもいられる。毎日、誰かが来ていますよ、私たちがいないときは。まったく一人ということはないんです。

――**悲しい話になるのですが、荒戸源次郎が二〇一六年に亡くなる。**

章代　あれもやろうとなさってたんですよ、『飛車角』を。荒戸さんが監督で。

――尾崎士郎原作の『人生劇場』。荒井晴彦の脚本で、僕は彼から「読んでくれ」と言われて読んだのですが、素晴らしかった。

章代　もったいなかったですね。芳雄にも出番があるからって、荒戸さん、言ってましたけどね。

――もしかしたら吉良常の役ですかね。

章代　資金繰りがうまくいかなかったのですね。

――特異な発想の持ち主でした。

章代　あまりはっきりおっしゃらなかったですが、荒戸さんは糖尿であちこちが痛んでいて、それで入院した。渡辺謙作さんの『エミアビのはじまりとはじまり』（二〇一七年）、あれの初号試写をイマジカでやって、それを見に行ったとき、荒戸さんもいらしてて。そのあと、プロデューサーの孫家邦さんなんかと一緒に近くの居酒屋で飲んだのが最後です。お酒はあまり飲まなかったですけど、少し飲んでて、渡辺さんの映画を「いいね」とかってお話をして、そのときは病気がそこまでとは思っていなかったんですよね。

――渡辺謙作は鈴木清順監督『夢二』（九一年）の助監督に就いていた。

章代　彼は清順さんがすごく才能を認めていた方です。

――前にも話が出ましたが、荒戸プロデューサーの元から、現在の日本映画の中枢を担う才能が輩出した。

章代　私、荒戸さんの亡くなった日に行ったんですけど、みんな揃いましたね。監督たちもプロデューサーも。

――ずいぶん昔、彼に会ったとき、鞄からプラスチックのケースを出して、サプリメントがいろいろ入っていて、これは肝臓、これはナントカと、飲むんですよ。僕が呆れて「そんなに飲んだらおかしくならない?」と言ったのを覚えてる(笑)。

章代　暴飲暴食の人ですからねえ(笑)。

――あの風貌だから体調も年齢もわからない(笑)。

章代　でもいつだか、私、思い当たって驚いた。『ツィゴイネルワイゼン』をつくったとき、荒戸さんは三十三歳なんですよ。当時は年齢のことなんか考えもしなかったけれど、三十三歳の男があんな映画をつくり、映画館ではなくドームを建てて公開するなんて、あらためて凄いなあと思います。

――東宝とか東映とか松竹とかメジャーの会社に頼らず、自力で強烈な話題作をプロデュースして公開したかと思うと、姿を消すんですよね。

章代　おカネがなくなったら、地下に潜航するとか言って(笑)。

――翌二〇一七年に鈴木清順が亡くなります。

章代　もうがっかりしました。

——原田芳雄、荒戸源次郎、鈴木清順。これはもう落ち込みます。

章代　清順さんは九十三歳の長寿でしたけれど、でも、いらっしゃるのといらっしゃらないとでは全然違いますよね。ああ、もう本当に終わったなという感じがします、ひとつの時代が。あちらのほうが素敵な映画が出来るって、大楠道代さんと話したんです。でも女優いないのよねえ、と。

II

原田芳雄を語る

石橋蓮司
鈴木達夫
聞き手＝山根貞男

『竜馬暗殺』©1974 映画同人社／東宝
左から中川梨絵、松田優作、原田芳雄、石橋蓮司

石橋蓮司インタビュー

演技を通して互いの思想性を発揮できる

悪いけど手を引かせてもらう

――原田芳雄さんとの出会いからお聞かせください。

石橋　いちばん最初の印象というと、一九六九年ですね。僕が蜷川幸雄さんや清水邦夫さんらと現代人劇場の活動を始めたのがその頃で、原田芳雄が『狂人なおもて往生をとぐ』という俳優座の舞台に出ていたんです。清水さんのホンでね。それをみんなで見に行って、役者としての彼を目撃したのが最初です。そのときは挨拶も何もしないで。

――石橋さんは単なる観客として……。

石橋　ええ、見たんですよね。いままでの俳優座の芝居とちょっと違う芸風を持った役者がいるよ、ということで、ホンが清水さんだし、みんなで見に行ったような気がするんですけど。清水さんとは青俳の時代から一緒にやって親しくしてたので、面白い役者がいるから見に行こうということになったんだと思いますね。

――で、そのあと……。

石橋 会ってないんです、全然。芳雄とは。

――友達になるとか。

石橋 いや、全然ないです(笑)。彼はまだ新劇という形の俳優座にいたし、僕らは小劇場をやっているという関係なんで、顔を合わせることはなかったですね。

――じゃあ、『竜馬暗殺』(一九七四年)**まで跳ぶ**(笑)。

石橋 ええ。ただその前に、七一年に、芳雄が中村敦夫さんや菅孝行さんなんかと演劇をつくることになって、芳雄から僕に電話が掛かってきて「ちょっと会ってもらえないか」と言うんで、新宿の喫茶店で会ったんです。で、彼が、今度のこの芝居にいろんな劇団からいろんな役者が出るんだけど、参加してもらえないだろうか、と。それが初めての出会いです。

――『はんらん狂騒曲』ですね。芳雄さんたちが俳優座にいながら自主公演をした。

石橋 そうです。菅さんの書いたホンで。それに出てくれという話なんですが、ホンを読んでみたら、ちょっと政治的な要素が絡んでいたんですよ。当時としては、たとえばベトナム反戦の考え方にしても三里塚闘争の考え方にしても、それぞれの劇団の表現の位相が全然違う。ですから、芳雄に言ったんです。こういうことで集まってやった作品は途中で空中分解したりすることが多い、と。それぞれの役者の質も違いますしね。だから、もし俺が出たとしても、途中で揉めることになるかもしれない、と。みんな一様に激しい時代だったんで(笑)。もし揉めたら、すぐにやめていいか、と。それを認めてくれるならば、という条件で、俺は出ることになったんです。芳雄は「全然かまわないから」ということで。で、稽古三日くらいで、「あ、違う」と思って(笑)、「俺はやめたい」と……。

——**懸念が的中した**(笑)。

石橋 三日で(笑)。こういう形での表現は、あまりにも直接的すぎるし、これはもう演劇というより政治的アピールみたいな感じになる、と思ったんです。それで芳雄に「悪いけど手を引かせてもらう」と言ったら、「ああ、いいよ」と(笑)。

——**芳雄さんが石橋さんに声を掛けたのは何だったんでしょう。**

石橋 彼が自分でピックアップして役者を集めたんじゃないですか。僕が蜷川さんとやってる芝居を見てたから、一緒にやろうと言ってきたんだと思います。

——**でも、芳雄さんは石橋さんの申し出を了解した。**

石橋 七一年ですからね。いちばん騒々しいときで、それぞれが全然違う形で演劇をつくっていて、政治に対する考え方も違う。だから、これはちょっと僕の質に合わないというか、これで身を晒すことは自分に合わないなと思って、引かせてもらったんですけど、芳雄は「そうだね」と(笑)。だから、芳雄もわかってたというか、「これは違うな」というふうに思ってたんじゃないですか。そもそも僕は、菅さんが言っても中村敦夫さんが言ってもたぶん出ないだろう(笑)ということで、芳雄なら、となったんだと思います。

――それでもダメだった(笑)。

石橋　まあ、そういうふうに断わって、それ以来、芳雄と会ってないと思うんですよ。僕は現代人劇場で演劇のほうで、芳雄は映画のほうで、全然違う形で活動して、会ったことがない。そして、清水邦夫さんと田辺泰志さんの脚本による『竜馬暗殺』で、初めて役者として、同志として、ひとつのシチュエーションを共有したんです。

『竜馬暗殺』の撮影初日にズッコケた

――黒木和雄監督『竜馬暗殺』での、芳雄さんが坂本竜馬、石橋さんが中岡慎太郎、という中心のキャスティングは誰の考えだったんでしょう。

石橋　たぶん芳雄については清水さんだと思う。黒木さんはあまり役者のことを知らなかったから。僕に関しては、芳雄の意向が入ってたと思いますね。

――二年前に演劇ではダメだったから、今度は映画でやりたいと(笑)。

石橋　たぶんそうだと思います(笑)。

――で、やって、どうだったんですか。

石橋　竜馬という人物については、ものすごい量の本や資料がありますよね。だから誰もが「竜馬像」を持っているわけで、これを原田芳雄がやるのは大変だっただろうと思うんです。もちろんホンの枠内でやるわけですけれども、いろんな思いがあるから、そのなかで説得力を持つ役をつくるのは大変ですよ。それで撮影がね、中岡慎太郎が竜馬の政治的な主張に対する違いで斬り殺すというところから始まった。殺気をみなぎらせて竜馬を襲うんですけれど、そのときの芳雄の佇まいを見て、俺、思わず吹いちゃったんです(笑)。エエッって拍子抜けして。俺にもひとつの竜馬像があったから、「エッ、お前、それか⁉」とズッコケましたね(笑)。

――意表外の演技だった。

石橋　しかもそのあり方が、こう、匂いというんですかね、そういうものと佇まいが素晴らしいんです。あっ、すげえ！　いい！　ああ、俺、中岡慎太郎を違うふうに考えていかなきゃいかんな、と。史実をやるのではなくて、つくっていかなければ、この人物に勝てないな、というふうに思って、もう一回ホンを読み直して、それでも芳雄とやるときには非常に緊張しましたね。どういうふうに出てくるかわからないし(笑)、どういう人物をつくろうとしているのかわからなかったから。で、彼の柔軟性に対して、剛直という形で対峙するのがいちばんいいな、と。そうやることによって、二人のコンビが幕末の動乱を生き抜いていく思想性として身体化できるかなあ、と。そんなふうに芳雄に煽られながらやっていったんですね。

――中岡慎太郎は坂本竜馬に殺意のようなものを抱きながら同志であり、竜馬もそれをわかったうえで付き合っている。この二人のあり方が、これまでの多くの映画では見たことがなかったので、新鮮です。

石橋 そう思いますね。芳雄にはこれまでのイメージを崩してくる人間臭さみたいなものがすごくあるんです。その人間臭さのなかに、当時の、いってみれば革命ですけれど、それについての大きな視野が感じられる。それに対して、俺自身はちょっと剛直に、正当論というか、それを押し出していくことで、バランスがうまくいくかもしれない、というふうに、彼に大変触発されましたね。

――現場で演技や人物の解釈について話し合うことは……。

石橋 ないですね。それをやっては絶対ダメですよね。

――でも、最初にズッコケたから、意見交換するとか……。

石橋 やらない(笑)。あっ、そうやるのか、なるほど、と(笑)。向こうに説得力がなく、こっちが「何か違うんじゃないの」となれば、「俺はこのホンをそう読まないけどな」というふうな議論になるけれども、芳雄のつくった人物像はもう一発でわかりますから。役者同士ってそういうもんです。初めて剣を抜き合わせて「あっ、できる」みたいに(笑)。ただ、最初はあまりにも違ったんで、思わず吹いちゃった。エーッ、そうやるのかあ、まいった！（笑）と。そのあと、そういうことはいっさいないですね。「よーい、スタート」となったときの勝負で、それが役者同士の楽しみなんです。何かネタを割り合って、それを正確にやるっていうんじゃないんで。

――**段取り芝居に絶対ならない。**

石橋　ならないし、本番もどんどん変わっていきますしね。まあ、アドリブというか、言葉じゃなく体で、いろいろアドリブ的に入ってきますよ。そういうものにどんどん対応できないとダメなんで、それをやるのが楽しい。だからといって、役から外れて、ただその瞬間だけ面白けりゃいいというのではなくて、ホンのつくる竜馬なら竜馬、慎太郎なら慎太郎という軸はあるわけでね。

――**そのとき黒木監督は？**

石橋　何も言わないですよ（笑）。役者の演技に対しては、あまり規制しないというか。また、こうしてくださいという考えもないのかもしれませんね。ただ、やりすぎたときに、ずっとあとに一回、「それはちょっと」と言われたことはありますけれど。とくに芳雄と俺の場合だと、任せっきりみたいだったと思います。

女装の美しさを競った

――**『竜馬暗殺』では、芳雄さん、石橋さんがいて、そこに松田優作もいる。この組み合**

わせが新鮮です。

石橋　優作はあの当時はまだ新人で、原田芳雄を大マークしていましたね。非常に尊敬して好きだったから、原田芳雄の表現に負けたくないという大きな意欲があって、芳雄に対してはすごかったと思います。二人の場面では、芳雄が前に出ると、優作が後ろへ下がる(笑)。芳雄が後ろに下がると、優作が前へ出る(笑)。そんなふうだから、なかなかポジションが決まらないんです(笑)。

――役者たちが楽しんでいる感じで、それが映画の魅力になっている。

石橋　ええ、そうですね。幕末ものというと、全員が生き死にを意識しているから、殺伐とした空気になって、どうしても危機感ばかりが強まるけれども、人間として持っている幅でいえば、酒も飲めば女も抱くし、一人でいるときは他のことも考えるだろう、と。その総合として自分というものがあるんだから、いつも顰めっ面でいるやつはいない(笑)。それが人間だというのをね、抉っていくというか、やっていく。で、結果としてこうなんだ、というのを、役者として面白がっていました。

――そのハイライトが、三人が化粧して女装して、縺れ合って、何をやってるのかわからないくだり(笑)。

石橋　そうそう(笑)。「ええじゃないか」の踊りに紛れて逃げていくんですけれど、芳雄と競いましたよ。どっちが美しいかと(笑)。

――遊び心が沸騰しています。

石橋　だから楽しかったし、芳雄という人物が非常によくわかりました。それ以後は芳雄の家によく遊びに行ったりして、役者同士として親しくするようになった。演劇での強烈な別れがあって、『竜馬暗殺』ですっかり意気投合したということですね。

――同じ役者同士でも、演劇と映画では違うのでしょうか。

石橋　僕の場合は、現代人劇場という劇団があり、そこの抱えているテーマ性みたいなものがあって、演劇の神聖化というか、遊びはあまり入れない、と。もちろん入れるんですが、純化させようとするところが、俺なんか、とくにあったんだと思うんです。だから、映画だと、もうひとつ別のバリエーションを入れていけるというか。演劇の場合は、一か月なり四十日の稽古という形で削ぎ落としていきますからね。映画の場合だと、あまりそういうことがないんですよね。

――リハーサルはあるでしょう。

石橋　ええ。リハーサルがあって削ぎ落としていきますけれども、映画の場合は、ぶっつけ本番が基本で、それを総合的に纏めるのが監督だと思うんですよ。だから役者は自由にやれて、思ったことを発露させることができる。映画だと、こう、のびのびできるところがあるんじゃないでしょうかね。

――でも、監督のなかには、フレームをきちっと決めて、リハーサルを繰り返して、そこに役者を嵌めていく人もいるでしょう。

石橋　もちろんそうだと思います。たとえば黒澤明さんの映画に出たことはないけど、黒澤さんのように、演劇以上の削ぎ落としをかけて、そういうふうにやっていく方もいると思うんですよね。ほかの監督の映画に出たとき、今井正さんとかそういう方は、すごく長い時間リハーサルをやって、自分のイメージに合うまで役者を追い込んでいくという場合もありますからね。『竜馬暗殺』で芳雄とやった場合、そういう削ぎ落としはなくて、個性で任せられたことがあるんで、のびのびできたんでしょうね。

――黒木監督だから良かった（笑）。

石橋　そういうこともありますね。何も言わないのですから（笑）。

お前が軸でやるなら、当然、俺はやる

――その後、強烈な印象を受けたのは『出張』（一九八九年）です。

石橋　ああ、あの映画は楽しかった（笑）。

――石橋さんが主役で、サラリーマンが出張先でなぜかゲリラに誘拐され、山の中に連れて行かれて、ゲリラの隊長が芳雄さん。荒唐無稽という以

『出張』©アーバン21　石橋蓮司（左）と原田芳雄

外ない(笑)。

石橋　監督の沖島勲さんて、若松プロ出身ですけれど、テレビのアニメ『まんが日本昔ばなし』のホンをずっと書いているんですよね。もともとそういう人だから、『出張』のホンをもらったとき、非常に童話的な内容で、すごく面白いと思ったんですよ。狐と狸が出てきてもいいし、ゲリラが出てきても山賊が出てきてもいい、みたいな話のなかで、サラリーマンの心象風景をやればいいかなあ、と。だけど、ゲリラの役を原田芳雄が引き受けたと聞いて、俺、びっくりしたんですけどね(笑)。

――また意表をつかれた。

石橋　ホントにびっくりしたから、会うなり芳雄に「何だよ芳雄、なんで出た？」と言ったら、「お前が軸でやるんだったら、当然、俺はやるだろう」って(笑)。だから引き受けてくれたみたいで、すごく嬉しかったですよ。

――『竜馬暗殺』とはまったく違う形ですけれど、二人の組み合わせがやはり絶妙の味を出しています。

石橋　芳雄はまたアドリブをぼんぼん入れてくるしね(笑)。

――沖島監督は何と……。

石橋　何もおっしゃらなかったですね。見てて楽しかったんだと思います(笑)。

――サラリーマンが拉致されて、なんでこんなところにゲリラがいるんだとびっくりす

る。これはもうケッサクです。

石橋 笑っちゃいますよね(笑)。機動隊との銃撃戦があったりとか(笑)。それが童話として成立するようになっているんですよね。

——ただ、石橋さんの役は深刻な状況にある。

石橋 そうです。上司に妻を寝取られるという設定で(笑)。

——それが童話的な世界に入ってゆく。

石橋 じつに面白いホンだなあと思いましたよ。普通の人間にしてみれば、まったくの別世界ですからね。ふっと足を踏み外したら、その別世界にストッと落っこちて、別世界を見ちゃった。その見ちゃった楽しさ、それによって人間の幅が広がるというか、こんな楽しいことがあるんだ、それに命をかける人間たちがいるんだ、うわあ、俺はなぜこんなことをやってる、と。で、また出張で行ったときに、汽車の窓から山に向かって「頑張れよー!」と思わず叫んでしまう(笑)。うまいホンです。

勝新太郎と三人で遊んじゃう

——『浪人街』(一九九〇年)は一九八九年に完成したが、勝新太郎のいわゆる「パンツ事件」で公開が延期になったんですね。すると撮影は『出張』の前かも……。

石橋　『浪人街』が先じゃなかったかな、撮影は。事件のとき、勝さんはハワイに行ったままで、それから帰国して捕まったんです。

――ハワイで問題になったのが一九九〇年の一月で、五月に帰国し、八月に『浪人街』が公開された。

石橋　勝さんが捕まって出てきたとき、芳雄と僕が呼ばれて料亭に行きました。なぜか太地喜和子がいたんだよね、そこに。で、俺たちが正座して「どうもご苦労様でした」と挨拶したら、勝さんが俺たちの前に正座して「いや、ほんとにご迷惑をおかけした。申し訳ございません」って(笑)。「いやいや、どうぞ手をあげてください」「いやいや、そちらこそどうぞ」となったら、太地喜和子が「あんたらやくざなの」(笑)。それをいまでも覚えていて、そのあと、どんちゃん騒ぎになったわけですけども。

――あの勝新太郎が神妙だったんですか。

石橋　神妙だったですよ、最初だけ(笑)。映画の公開が延期になりましたからね。とても勝さんらしい、と思いました。

――『浪人街』でも、石橋さんと芳雄さんのやりとりは絶妙です。

『浪人街』写真提供：松竹　左から石橋蓮司、原田芳雄、勝新太郎

石橋　監督が黒木和雄さんでしょう。芳雄とやると、やっぱり役者主体というか、アイデアを出したりしてましたからね。黒木さんと組んだ作品は、芳雄がアイデアを圧倒的に出してたような気がします。

――石橋さんがアイデアを出すことは？

石橋　芳雄とやるときは、僕は出さないですね（笑）。芳雄のほうが読み込んできているので。芳雄のつくろうとしてる人物に、自分がどう対峙していけばいいか、彼がやろうとしてることをどう演技的に修正していくかを考えればいいのであって、テーマ的には芳雄が抱えてますからね、ホンを読み込んで。だから、僕のほうからということはあまりなかったですね。『浪人街』のときも、そういうふうにつくってくるのかとなって、少し押さえておかないと勝さんと三人で遊んじゃうことになるな、と（笑）。

――勝新太郎自身が遊ぶ人でしょう。もっとすごいというか（笑）。

石橋　そうそう（笑）。最初に三人で話をするところがあって、俺もまあ役者ですし、向こうもすごくつくるし、遊ぶしで、俺もちょっと遊んだことがあったら、黒木さんに呼ばれて、「誰かがきちっとしてくれないと収まりがつかないんだけどね」と言われて（笑）。「わかりました、じゃあ自分が押さえます」（笑）。

――黒木監督は石橋さんにその役割を振った。

石橋　そう、全部（笑）。じゃあ、何もしませんって（笑）。そういうことがありましたね。そうするとコンビネーションがうまくいく。三人でやっちゃうと、なんだかわけがわかんなくなっちゃって（笑）。

――『竜馬暗殺』の場合は芳雄さんと石橋さんがいて、若い松田優作が加わるから、ちょっと違うふうに動いたんですね。

石橋　僕ら二人の軸さえしっかりしていれば、優作がどう遊んでも、ほかの役者が何をどうやっても、軸としてのテーマは崩れないということがあるので、これだけは守っていけばいいなという形になりました。

役者が役者に見せつける

――『われに撃つ用意あり』も一九九〇年公開ですが、若松孝二監督も役者が自由にやるのを楽しむタイプではないですか。

石橋　そうだと思いますね。若松さんの作品に何本か出させてもらいましたけど、「任せたからね」ですから（笑）。自分でやってください、つくってください、と。

――やはり芳雄さんとの組み合わせが素晴らしくて、これは監督に恵まれているということでしょうか（笑）。

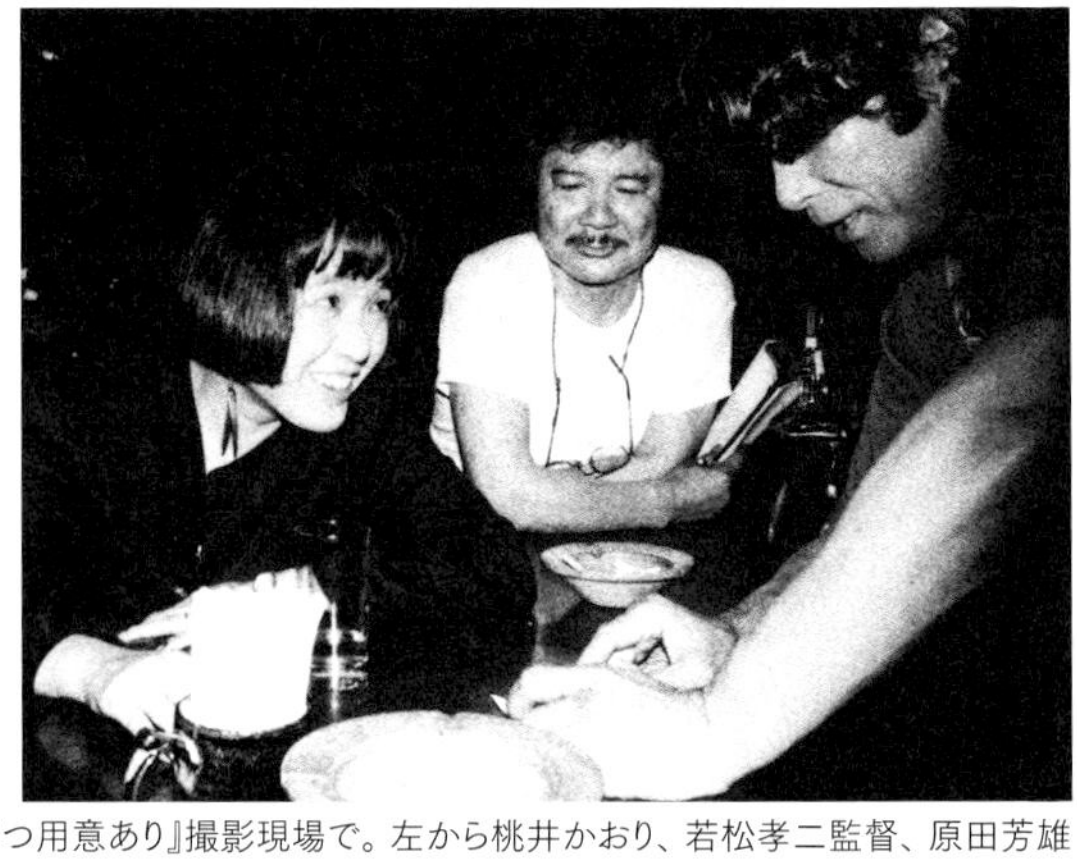

『われに撃つ用意あり』撮影現場で。左から桃井かおり、若松孝二監督、原田芳雄

石橋　遊ばせてもらってるという意味ではね（笑）。つまり、自分たち流にやっていい、ということです。役を身体化させるのは結局、役者の仕事ですから、いくら頭で考えても、身体化されない場合には、みっともないことになり、能書きだけになってしまう。身体化して、そこにリアリティなり説得力なりを持たせ、まあそういう考え方もあるよな、というふうに観客に見せられることがあればいい、と思ってます。ただ遊んでるわけじゃなく、それなりに考えて（笑）。ただし、それがうまく相手と同調できないと、ぎくしゃくしてしまいますけどね。芳雄とは全然そういうことがない。だから、芳雄の出方を見て、自分の役をつくっていくんです。

――いまの話から黒木和雄監督『スリ』（二〇〇〇年）を思い浮かべました。

石橋　僕が刑事で、現場でスリの彼がどうやるのかを見ている（笑）。

――芳雄さんのスリは足を洗っているんだけれど、刑事はまた絶対やるぞと執念深く見張っている。

石橋　犯罪者と刑事というのは、まあコンビですよね（笑）。刑事のほうは、相手がやってくれなければ自分の仕事が成り立たないし、相手が芸術的になればなるほど自分も高みに行ける、ということですから、愛してるというと可笑しいけれど（笑）、ものを創造する人間は一度や

『スリ』©2000アートポート／衛星劇場　風吹ジュン（左）と

るとやめられないように、絶対にやる、と（笑）。

――『竜馬暗殺』の現場で、芳雄さんの演技を見てズッコケた。すべてはそこから始まっているんですね。

石橋 そうです。さっきアドリブの話をしましたけれど、芳雄の台本なんか、ちらっと見ると、ワーッと書いてあって、いろいろ分析していますよね。野放図にアドリブやってるようで実はそうでなくて、ものすごく下調べした上でやってるなと思います。俺の台本なんか真っ白なんだけど（笑）。ほんとによく調べてるな、というぐらい。

――まさに、ただ遊んでるのではなく、考えている（笑）。

石橋 その上で、サーッと、下調べなんかやってないふうにやる（笑）。でも、やってないと、アドリブを生まないんですよ。それと、自分に対する誇りもあると思います。ほかの役者が自分を見るということを知ってるんで、普通にやっちゃダメだ、と。役者が役者に見せつけるということがあったと思う。それが励みになりますからね。

――撮影の現場では、スタッフもいるし、いろんな要素が入ってきます。

石橋 現場って絶対そうなんですよね。それと、『竜馬暗殺』の場合は、予算がないということが圧倒的でした。全員が栄養失調になっちゃうみたいなね。京都ロケもあったし、撮影が長かったから、スタッフなんかほとんど眠れない。でも酒は飲んでましたね、眠らずに（笑）。カロリーをウイスキーで撮ってるっていうか(笑)。スタッフが柿の葉っぱを「ビタミン、ビタミン」って噛んでたのを覚えてますよ(笑)。京都のお寺で合宿してたんですが、お寺で大きな鍋でうどんを煮たのを現場に持ってくると、もうのびのびになっちゃってて、「うどんだけで何も入ってねえじゃないか」(笑)。そういうなかで、皆さん、意志があったというか、映画を成立させようとしていたんです。

――その情熱が作品に結晶しています。

石橋 やっぱり『竜馬暗殺』が芳雄との出会いですね。

お前の言いたいのはこういうことだな

――個人的に一緒にお酒を飲んだりという付き合いは？

石橋 芳雄の家にはよく行きました。事務所代わりに借りてる自分の部屋から歩いていけるところなんで。でも、演技論なんかを話したことはないですね。

――何を話すんですか。

石橋 人の悪口をものすごく(笑)。二人ともめちゃめちゃにやる(笑)。人のダメさ加減を言いたい放題を言って。

――意見は合う？

石橋 合いますね、すごく。だいたい芳雄が言いたいことは、彼の言葉だとちょっと長いんですよね、だから俺が修正して「お前の言いたいのはこういうことだな」と(笑)。

――**石橋さんが纏める?**

石橋 そう、楽しい。役柄とね、なんかくっついちゃってるんですよ(笑)。

――**芳雄さんの話は理路整然としていないんですか。**

石橋 話が飛びますね(笑)。それに、非常に感情的、感性的。で、僕がちょっと理論ぽく押さえていく。そういうコンビで楽しんでいましたね。

――**石橋さんを映画で見てきて、論理的に整理する人とは想像しませんでした。**

石橋 いやいや、実際にはそうなんですよ(笑)。やっぱり六〇年代七〇年代に鍛えられたわけで、新宿ゴールデン街なんかでは言葉化していかないと何も通じないから、論理的にしゃべることを鍛えられたんですね。嘘八百でいいわけだけれども、言葉ではこういうふうに言っておかないといけない、みたいなことを。

――**演劇論ですね。**

石橋 そうです。感性的なものだけでしゃべっても相手を説得できない。役者は感性がすごく大切ですから、肉体化ということを考えているけれども、ゴールデン街なんかではそうはいかなかったですからね(笑)。そこで、ひとつずつ言葉化していくことを訓練されました。といっても、全然正しいと思ってないんですよ(笑)。だから、芳雄だから知ったかぶりして言えるというか。中岡慎太郎みたい（笑）。正論だけを吐いてて、芳雄から、お前、わかってねえな、と思われてるのかもしれない（笑）。そういうコンビで酒を飲みながら楽しんでましたね。

——芳雄さんは歌の活動を熱心にやられていますが、石橋さんから見て、どうですか。

石橋　素晴らしいと思いますね。僕が舞台をやることと芳雄が歌を歌うことは、同じだと考えるんです。芳雄が歌を歌うのは、ひとつの演劇行為というか表現行為だと。

——テレビでの共演が少ないのと関係がありますか。

石橋　遊べませんから、テレビでは。スポンサーがいるし、いろいろ規制がある。それにくらべると、映画では、まあ、メジャーじゃない作品が多かったから、二人で自由につくっていくことができたと思いますね。でも、そういうことが可能な相手は、いままで自分がやった役者のなかでは、ほかにいないです。

——何人もいそうですが……。

石橋　いや、ほんとにいないですね。演技を通して二人の思想性なり表現性なりを発揮できる役者は。芳雄以外に考えられないですよ。もちろん勝さんなんかとは、うまくやれたんですけれど。勝さんが持ってる本質的なもの、表現形態と、我々はちょっと違ってましたからね。それを勝さんは喜んでくれたわけですけども。

——芳雄さんが映画で活躍するのはメジャーの映画の勢いが衰えたときで、石橋さんの

場合は、初期には東映を中心にメジャーの作品が多い。いわゆる撮影所システムの外からと中からと、出方がまるで違う。そんな二人が素晴らしいコンビになるんですね。

石橋　僕は子役時代からやってますけれども、かつてはスターシステムというのがありましたよね。スターがいて、その人のための映画があって、我々は脇を固める形で仕事をやる。そのスターシステムが崩れて、そうじゃない傍流を本流にしていくような動きが出てきたと思うんですよ。

――一九七〇年代に顕著になる。

石橋　ええ、人間にもっと深みを持たせたり、もっと多面性を持たせたりということが許された時代ですね。そういうなかで芳雄と出会ったから、人間の幅みたいなのをぼんぼん持ち込んでいい。スターは二枚目でなくちゃいけないということはないし、魅力的な人間をつくることがテーマだという流れがあったと思います。だから、どんな役でも魅力的につくらないと太刀打ちできないぞ、という雰囲気があって、小さな役でも考えてこず、単に仕事として現場にくるヤツには、非常にきつく当たるみたいなところがありました。バカにしてしまうとか(笑)。

――ホンをどう読み込んで現場に臨むかですね。

石橋　その点で芳雄とは波長が合って共振したんです。彼とは役柄的にポジションが違うんですけれど、お互いを認め合えるのはすごくよかったなあと思いますね。

――その場合にやはり監督との相性も大きいでしょう。

石橋　だから、現場では、みんなが集まってから一時間か二時間くらい討論を行なってましたね。僕なんかはそれを脇で聞きながら、芳雄が何をやりたいのかを理解していく。まあ、それが実際に演技として現われなければ、何言ってるんだという話になっちゃうけれども、ちゃんと身体化して現われてくるので、ああ、なるほどな、と。そういう意味では、芳雄とやるときに良かった監督は、黒木さんと若松さんですよね。彼が役者の生理的なことを主導していたのじゃないかなあ。少なくとも主張していたと思う、芳雄は。俺なんかはいろんな仕事をやってるもんだから、「あ、そうですか。それもやりますよ」「それもできますよ」みたいな話で、適当に終わらしちゃうときもあるんですけど(笑)。芳雄のほうが真面目ですよ。作品に対する思いが強いんですね。

最高の素敵な他者

――『大鹿村騒動記』(二〇一一年)が芳雄さんの遺作になってしまうのですが、石橋さんの出演は最初から決まっていたのですか。

『大鹿村騒動記』撮影現場で。石橋蓮司(左)と原田芳雄

石橋　話は早くから来ていました。ちょっとつらいなという思いもあったけど、みんなが「やるやる！」と言ってたし、嬉しかったというと変な話だけど(笑)。

――皆さん、病気のことは知ってるわけですよね。

石橋　でも、そういう雰囲気を絶対出さないということで、我々としては芳雄はもう元気になったということでね。彼が手術のあと退院したとき、僕は一緒に食事をしたんだけれども、大きな手術だったから、大変だなと思ったし、その後も症状をなんとなく聞いてたんです。でも、現場の芳雄は一切そういう感じを出さなかった。一所懸命、役に集中していたので、こっちとしてはある意味で救いでしたよね。

――ロケ現場へ行ったから、その感じがよくわかります。

石橋　あそこで全部、二週間で撮ったんですよ。二週間。みんなの集中力が凄かったんですね。

――阪本順治監督とは……？

石橋　あれが三本目かな。芳雄のところでよく会ってたんですよ。『どついたるねん』(一九八九年)のあとから、ずっと。でも、一緒に仕事をすることはなくて、あまりしゃべらなかった。役者と監督って、一緒にやらないとしゃべらないんですよ(笑)。日常的な話はするけれど、映画についてとかはしゃべらない。やってみなきゃわかんないだろ、という感じだから(笑)。一本やったら、バーンとお互いの根っこがわかるというか、親しくなるんですよ。一緒に作品をつくるわけですから。

――芳雄さんとの場合と同じ（笑）。波長が合うかどうかですね。

石橋　役者でいえば、遊びながら二人が考え方を通じ合えるということが、芳雄以外にはなかなかいないですよ。まあ勝さんは別にしてですけれども。

――芳雄さんとは同世代ということもありますか。

石橋　幸いだったのは、やっぱり戦後を知っていることですね。人間の本体を見ながら、ここまで日本がなっていくのを目撃してるということはデカイですよ。戦後の焼け跡から人間がどう蠢いて、どう真っ黒になりながら、ここまでやってきたかというときに、人間の欲望なり何なりすべてがものすごく出てましたよね、父も母も含めて。そういうのを目撃しながら、六〇年安保があって、オリンピックに向かってワーッと発展して、ビルが建って、人間がころころ変わっていく姿を見てきた、その体験は言い知れないものですよ。人間の欲望にしても清潔さにしても、僕らが見てきたものは、若い人に言ってもわからない。役者の仕事でいえば、観念だけでつくるのは大変ですよ。

――芳雄さんも石橋さんも、本格的な活躍の時期が激動の時代だった。映画、演劇、それに社会そのものが。

石橋　しかも芳雄も俺も、直接的に人間をやるわけで、身を晒すんですよね。そういうなかで、これまで目撃したものを演技的に再構成していくのだから、それぞれ何を感じたかによって、エッ、というような違いが出てくる。同じ体験をしながら感じ方が違っちゃうわけで、同じ戦地に行きながら全然言うことが違うみたいなね。そこが個性で、それを付き合わせていくのが面白いんです。

――演技をぶつけ合いながら、それを探ってゆく楽しさ。

石橋　芳雄は僕にとって「最大の他者」というか、「最高の素敵な他者」だったんですね。彼は他人なんです、ほんとに。ずーっと仲良くしていたけれども。どうしてそんなに人間が好きなの、どうしてそんなに寂しがり屋なの、と思ってしまうくらい、僕にはない表われ方を見せて、だからこそ、芳雄は「最大の他者」だったんです。演技で、ですよ。芳雄は演技で他者として僕を自覚させてくれる存在だったと思う。

鈴木達夫インタビュー

単に役者として映画に参加するのではない

役を自分のほうへ持ってくる

――鈴木さんが原田芳雄さんと出会うのは『赤い鳥逃げた？』（一九七三年）ですね。

鈴木　ええ。監督はパキさん、藤田敏八で。パキさんの監督一本目『非行少年　陽の出の叫び』（六七年）を僕がやったんですよ。

――すると、芳雄さんと知り合ったきっかけは……。

鈴木　パキさんです。僕が芳雄さんを知っているのはそこからで。あのとき、パキさんと芳雄さんは結構いい関係だったね。『赤い鳥逃げた？』はバランスよくやった作品じゃないですか、演出家と役者として。当時、日活はああいう状態だったでしょう。

——日活は一九七一年の末にロマンポルノ路線に転換しました。『赤い鳥逃げた？』は東宝系で公開され、製作はグループ法亡。

鈴木　あれは東京映画の奥田喜久丸の会社です。だから、役者も監督も何でも出来るような状態で、パキさんは新しい青春像みたいなものを狙っていた。芳雄さんがそれと合ったと思うし、お互いに探り合いながらやっていて、うまくいっていたような感じがするんですよ。会話があったというか。普通、あんまり会話がないんですよね、芳雄さんは。パキさんとはわりと会話があったんです。

——鈴木さん、藤田監督、芳雄さん、三人がつぎに揃うのは、翌七四年の『修羅雪姫　怨み恋歌』です。明治が舞台の絢爛たる絵巻物。

鈴木　最初、戸惑いましたよ(笑)。で、芳雄さんがつぎにやったのは黒木和雄の『竜馬暗殺』(七四年)ですからね。僕は関わっていませんが。

——黒木監督は会話の人ではないとか……。

鈴木　現場に入ると、あまりおしゃべりになりませんから。芳雄さんとしては、逆にやりやすかっ

『赤い鳥逃げた？』撮影現場で

たかもしれないですね。監督は役者が決まったら演技はすべて役者に任せて口出ししません。芳雄さんは自分でイメージをつくって、どんどん深く入っていったという感じがする。普通、俳優さんは、役のほうに自分を合わせようとするじゃないですか。いろいろ調べて役に自分を持っていくんだけど、芳雄さんは逆に役を自分のほうへ持ってくる人ですね。だからね、何をやろうとも原田芳雄なんです、常に。

――**役者としてのあり方が違う。**

鈴木　普通は、よく努力して勉強して素直な人が素晴らしい役者さんだと言われるんですが、それとはまったく逆の人だと思いますね。

――**日本映画が一九六〇年代の終りから七〇年代にかけて大きく様変わりしたことと関係があるのでしょう。**

鈴木　そういう気がしますね。だからといって、あの時代に出てきた役者がみんな芳雄さんのようだったとは限りません。そういう意味では特異だったと思います。自分が映画をつくっているという気持でやっていたんじゃないですか。

――**自分が映画をつくる？**

鈴木　映画は監督のものだってよく言うじゃないですか。でも、芳雄さんは映画に役者として関わるというより、映画づくりそのものに参加しているって思う。微妙にそれは違いますよ。役者として参加しているんだけど、実際には映画の構造をつくっているというか。芳雄さんはたぶん、うちで相当勉強しているでしょう。

――現場では相手の俳優などとの関係があって……。

鈴木　距離感とか、そういうのがまた独特じゃないですか。それを踏まえて違ったものを出してくるような気がする。アドリブにしても、ちゃんと下地があるから出来るんで、いい加減なアドリブじゃない、芳雄さんの場合は。

――計算ではなくて？

鈴木　その場で思い浮かべたものをポッて言うんだろうけど、ちゃんと下地があるんです。いろいろと考えているわけだから。誰でもいろいろ考えて何かをやるうち、いきなりポーンと何か浮かぶことがあるじゃないですか。或る人が「理論は平常に考えておくもの、現場は直感で処置すべし」と言ってますが、芳雄さんのアドリブって、そういう感じのものだと思いますね。

――鈴木さんはそんな芳雄さんを撮るわけですが、撮りやすいのですか、撮りにくいのですか。

鈴木　まあ両方ありますね。芝居を一回しかやらないと言い張ったりしますから、そういうときは大変です(笑)。ただ、僕と似ているんですよ、どっちかというと。僕もやる前には絵コンテなんか描いたりするんですけど、現場では全部忘れちゃう。で、その場でやるようなタイプ。それが似ているような気がしますね。

——**絵コンテを描いても、そのとおりには撮らない。**

鈴木　だけど、どこかに残っていると思いますね。ゼロになるわけじゃないですから。

——**芳雄さんのアドリブもそれですか。**

鈴木　その感じがあると思います。だから、相当ホンを読み込んでいるんです。

みんなで好きにやっていたんじゃないですか

——**そこで気になるのは監督との関係です。**

鈴木　監督といってもピンからキリまでありますから。

——**藤田監督とは会話があった。**

鈴木　パキさんの場合は、お互いに探り合っていたと思う。芳雄さんもその頃は映画に足を突っ込んだばかりですからね。いろいろ暗中模索していたと思います。映画への参加の仕方が後半とは違って、まだ映画を、こういうものなのか、演劇とは違うこういうものなのかと、感じていたんじゃないですか。パキさんもそこにうまく合わせて……。

『赤い鳥逃げた？』撮影現場で。原田芳雄と藤田敏八監督

——**芳雄さんは個性的な監督と組むことが多いです。**

鈴木　鈴木清順さんの『ツィゴイネルワイゼン』（八〇年）は喜んでやっていたような気がしますけどね。監督と話し合いをして、監督に好いイメージをもっていないと、やめますと言う役者がいるじゃないですか。芳雄さんの場合は、そういうとき、やってやろうじゃないかという気があったと思います。だから、見て面白い映画になる。『竜馬暗殺』がそうですよね。

——**『竜馬暗殺』では、芳雄さんが石橋蓮司、松田優作と好きなように演じていて、それが作品の魅力になっています。**

鈴木　『浪人街』（九〇年）もたぶんそうでしょう。勝新太郎が入って、みんなで好きにやっていたんじゃないですか。役者だって、任される以上、監督があだこうだと注文を出すより、それなりに創りますから。好い映画ができる場合もあるでしょう。

——**鈴木さんは、大手の撮影所で育ったスターの出る映画も撮っていますが、芳雄さんのように、違うところから出てきた俳優の場合、演技の仕方が微妙に異なるでしょう。**

鈴木　僕はそこが面白いと思います。一回しか芝居をしないと言われたときは困りますけどね。たとえば五、六分、長い芝居を一気にやっちゃう。と、あとでもう一回撮れないから、キャメラの動かしようがなくなるんですよね。

——**演技を繰り返さないわけですか。**

鈴木　でも少しごまかして、やってもらいましたけどね。じゃあ最初はここまでやってくれればいいから、つぎに、そのあとをやってくれる？　というふうに言って、ＯＫしてもらい、キャメラを寄ったりズームしたりして撮って全体を繋げました。

——テストを何回かやって本番にいくのではない？

鈴木　そのときはテストなしでした。アウトラインだけバンバンバンと言って、本番いきましょうって。芳雄さんの場合、撮影に入る前に自分でテストをやっているようなもんだから。だから、一回した芝居をもう一回するのが厭なんですよ。というより、同じことを出来ない。

——同じことは出来ない？

鈴木　一回真剣にやっちゃうと、二回目をやったら、もっと良いのが見つかって、芝居が変わってくる。そういうタイプだと思いますよ。だから何回もやって、二回目が良かったとしても、カットが繋がらない。ワンカットならいいんですけれど、切り返して繋ぐと、動きが違ってくるんです。だから、衣裳合わせも嫌いと言っていましたよね。

『竜馬暗殺』©1974 映画同人社／東宝

――なんで嫌いなんですか。

鈴木　監督や誰かのイメージ、脚本のイメージ、歴史ものだったら歴史上の人物のイメージで、どんどん自分が固められるのが嫌いなんですね。やっぱり自分でつくりたいのだと思います。決められてくることが厭なんですよ。

――ほかにそういう俳優をご存知ですか。

鈴木　あんまりいないですね。時代的な問題もあるのかもしれません。映画界がどんどん下火になっていって、何をつくったらいいのか分からない状況になってきてからですから、芳雄さんが活躍するのは。

――既成の型に嵌められることを嫌うのは、映画の中身が変わってきたこととも関係がありますね。

上　『祭りの準備』©1975　綜映社／東宝　江藤潤（左）と／
下　『祭りの準備』撮影現場で。黒木和雄監督（左）

鈴木　だから、そういう役者が出てきていますよ。僕は直接やってないけれど、松田優作なんかはそうでしょう。

——**芳雄さんの人気は時代と合ったからだと思います。ご本人は人気なんか意識していないように見えますが。**

鈴木　でも、一般的な意味とは違った形で意識しているんじゃないですか。自分がやったこと自体は誰かに感心してもらわないと困るわけだから。まったくダメな芝居だと言われると、本人も困るでしょう(笑)。ただ、こうやったらお客さんが喜ぶだろうという方向には行かない。結果として良ければいいという方向でやって、お客さんに媚びるとかは一切しないから。

——**どう見てもカッコ悪い脇役を演じている『祭りの準備』**(七五年)**が思い浮かびます。**

鈴木　あの芳雄さんがいないと『祭りの準備』は成功しなかったんじゃないですか。主役を横取りしようとは思ってないでしょうけど、どんどん深みに入っている。帰って来た妹を裸にして、身体を洗ってやるカットなど、芳雄さんのアイデアですからね。

『寝盗られ宗介』撮影現場で。若松孝二監督(左から2人目)と

――若松孝二監督『寝取られ宗介』(九二年)の撮影も鈴木さんで、芳雄さんは旅芝居の座長役を楽しそうに演じている。

鈴木　そうですね。もう独壇場ですもん、芳雄さんの。

――自分の女房に浮気を唆すという、捩れた愛情を示す役で。

鈴木　駅のところでじっと座っているあのカット、好きだなあ。自分の部屋を与えて、ポツンと。あれも芳雄さんのアイデアだったと思います。

――相手役の女優は不思議な感じがします。

鈴木　藤谷美和子、あれは相当な変わりもんだからね。素直じゃないですから(笑)。だから逆にうまくいったんじゃないかな。あれがまともな芝居していたら、たぶんつまんなかった気がする。美和子で好かった。普通の子だと、寝取られて、はいはい、とはいかないでしょうね。

対人不器用症なんじゃないかな

――監督とキャメラマンとの関係も微妙に複雑でしょうね。

鈴木　まあ人によるでしょう。監督には絶体的に自分の映像にしたいという人もいますから。そうすると、キャメラマンはイエスマンになってやるしかない。

――鈴木さんもイエスマンになる場合があるんですか。

鈴木　あまりないですけど（笑）。それは芳雄さんに似ているよね。

――芳雄さんとはどういう付き合いでした？

鈴木　撮影しているときはあんまりないですよ。芳雄さんは、メインスタッフと食事とかしないですから。仕事のときは、いろいろ監督に言われるのが厭なんでしょう。

――すべて任せてくれる監督が好い。

鈴木　やっぱり闘いみたいなものでしょう、現場的には。芝居をやるってことは、自分の芝居をやるわけだから。それをいじられるのが厭で、ここはこうだからとか、こうしてくれとか言われたら、自分の芝居が狂っちゃう。ということは、ちゃんと勉強してやったということでしょうね。

――いまの話は対監督との関係で

『父と暮せば』© 2004「父と暮せば」パートナーズ　宮沢りえ（下）と

すね。

鈴木　監督によって違いはあるけど、比較的僕とは喋りますね。

――キャメラマンは自分を撮ってくれる人だから、監督とは違う（笑）**。それでも、一回しか演じないと言い張る場合がある。**

鈴木　『父と暮せば』（二〇〇四年）のときがそうでした。実は事情があってね。ある人がやめて、急遽、芳雄さんがやることになったから、主役二人のスケジュールの合う撮影の時間が十六日間ぐらいしかないんですよ。大変だったのはエプロン劇場のところとジャンケンポンのところで、一回しかやらないと言うから、うまくごまかして（笑）。

――エプロン劇場は父親の芳雄さんが娘に「広島の一寸法師」の話をするところ、ジャンケンポンは二人がジャンケンをするところですね。

鈴木　どちらも実は二回やってもらった。さっき話したように、頭のほうだけやってくれと頼んで、そのあとをまた撮ったんです。

――キャメラは一台ですか。

鈴木　一台。本当はもう一回やってもらいたかったんだけどね。だって撮りようがないんだから。ジャンケンのとき、あとで女優さんにもう一回やってくれないかなと言ったら、私もできませんって（笑）。ほんとに困っちゃったんだけど、しょうがないか、と。

――舞台劇の映画だから、二人の台詞がたいへん多いですよね。

鈴木　芳雄さんは器用な人じゃないと思うんです。どっちかというと不器用なほうだという気がする。だから、カットを割っていったらダメだろうなと思ったから、長回しを中心にしたんですよ。まずだいたいの動きをやってもらって、じゃあこう撮ろうかと移動車で撮ってゆく。そうする前に、たしか芳雄さんがジャンケンをするシーンはやめようと言ったらしいんです。で、朝、監督が来て、あのシーンはやめるって言い出したんで、僕は監督に、あなたの意見じゃないでしょう、芳雄さんの意見でしょう、と聞いたら、そうだと。それで、僕は芳雄さんに話して、ワンカットだけ撮らせてくれって撮ったんですよ。しぶしぶやってくれたけど、本当はやめたかったみたいね。

――芳雄さんは人との対し方が独特なんでしょうね。

鈴木　照れ屋じゃないですか。そう思ったときがあって、僕もそうだから。

――アップが嫌いじゃないですか。

鈴木　嫌いでしょう、たぶん。芝居は繋げないとダメで、その瞬間のアップだけの芝居は困る。よーいスタートでずっと撮って、その間にアップを撮るなら、いいんです。よーいスタートで十秒やって、アップでおしまい、というのはダメなんですよね。この人、大丈夫かな、とアップを撮っていて心配になったことがある。

――演劇と違って映画では芝居が細切れになりますが、芳雄さんは演劇からそういう映画に移ってきた。

鈴木　演劇の芝居は一気にやっちゃうんだけど、演劇自体の決まりごとがあるじゃないですか。シェイクスピアであれ何であれ、決まっていることがあって、それを一所懸命に習った上で自分なりに変えてゆく。それがつまんなかったのじゃないかな。最初は芝居が持続しているから好いはずだったんだけど、パキさんなんかとやってゆくあいだに、自分でも参加できるんだとわかって、映画のほうが面白い、と。それに、映画はやっぱり現代的で、演劇は歴史ものが多いですよね。

――でも、映画を見ていて、芳雄さんが何か居心地悪そうにしているときがあります。

鈴木　あります。やっぱりアップのシーンが多いですよ。たとえばキャメラ三台くらいで撮っていて、中にアップが入るのは構わないけれど、ハイ、ここアップです、と寄っちゃうと、もうダメ(笑)。

――昔の俳優はむしろそれを喜んだ(笑)。

鈴木　アップを撮ってもらうんだって、ちゃんと構えて芝居する。ところが芳雄さんは、俺のアップかって厭がる。だから、芳雄さんの映画はわりと長く撮っているのが多いですよね。僕もできるだけ長く撮ろうとしていましたもん。

――俳優としてユニークです。

鈴木　対人関係が本来はあまり好きじゃなかったんじゃないかな。

――高校時代は対人恐怖症で悩んだと本にあります。

鈴木　一人で山に行ったりしたとか。それは段々克服されたでしょうが、その感じは分かる。だから恐怖症っていうより、不器用なんじゃないかな。対人不器用症(笑)。そのかわり手先が器用なんだよね。何でも自分で作っていたし、絵もうまいですよ。

――映画づくりの場でも同じなんですね。

鈴木　僕にもそうだったと思うんだけど、うまく取り持とうということがあまり出来なかったタイプですね。映画の主題なら主題を自分の中で追い込んで、自分なりに作り上げる。周りと話し合って、一緒にイメージなりキャラクターなりを作り上げるというのではないんです。半端じゃないと思うもん、あの自分なりの作り方。

――相手によって変わらないということですか。

鈴木　それはまた違うんですよ。相手も同じくらい考えてきて、対等に芝居をしたときには、相手がどういう反応するかによって、自分を微妙に変えることが出来るんじゃないですか。それだけの下地があるから。むしろ逆に、何にでも変えられる。だから相手によりますけどね。『竜馬暗殺』なんかはそういう感じでやっていたと思います。

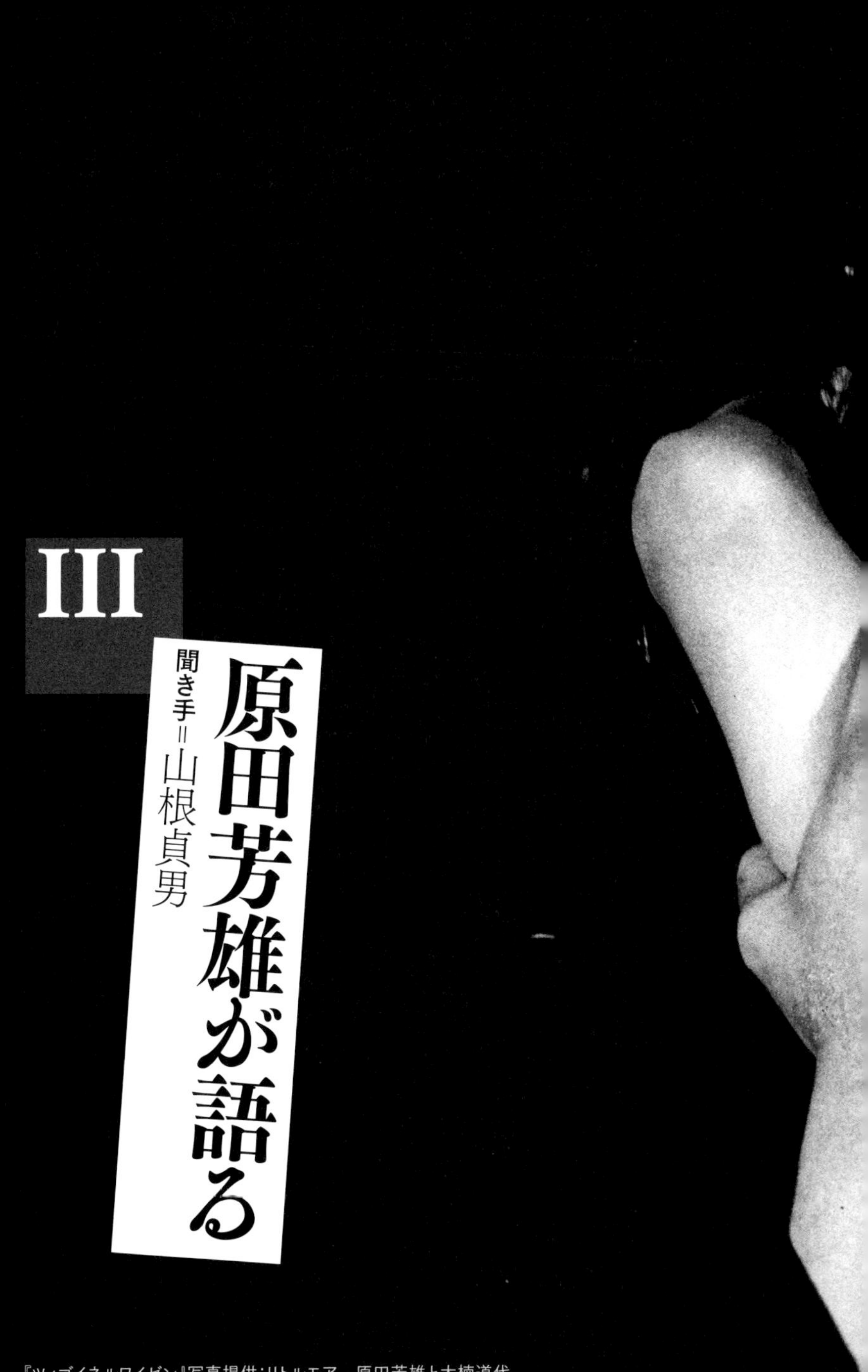

III 原田芳雄が語る

聞き手＝山根貞男

『ツィゴイネルワイゼン』写真提供：リトルモア　原田芳雄と大楠道代

原田芳雄インタビュー

鈴木清順のやりたい放題　縦横無尽

裏切られることの快感

――原田さんと鈴木清順監督との出会いは『悲愁物語』（一九七七年）のときですね。脚本は大和屋竺。

原田　ええ。僕は大和屋さんのところには出入りはしていましたけど、清順さんとはそれまで全然お会いしたことも何もなくてね。あの頃、日活のパージからちょうど十年たってたわけで、上映形態というのが少しずつ崩れかけてて、金を集めてきて映画をつくった上で配給をとりつけられるというような可能性が、そろそろ出てきた時分だったんですよね。それで、僕と友だちが、昔、清順さんが日活をパージされる最後のあたりで書かれたシナリオを自分たちで何とかしよう、と。題名ちょっと忘れちゃったな、北海道の炭鉱か何かをベースにしたけっこう壮大なアクション映画で、もともとは小林旭さんが主役に想定されてて、ボツになったんですが、そのシナリオがたまたまうちにあったんですよ。それをね、自分らで金の算段が少しできて、大和屋さんのところに相談しに行ったんですよ。清順さんをとにかくカムバックさせようとして。そうしたら、じつはもうすでにこういうのがあるんだって言われて、ほんのちょっとの差だったんです。

――それが『悲愁物語』ですか。

原田　『悲愁物語』が先だったんです。じゃあ、それがあるんならというんで、僕は引っ込めたんです。

――そのボツになったシナリオの話を、このあいだ清順さんがしてましたよ。マフィアが出てくるやつでしょう。

原田　ええ、旭さんの主役で。

――マフィアの手先が宍戸錠で。

原田　あともう一人いるんですよ。

――オカマが出てくるとか。

『悲愁物語』写真提供：松竹

原田　そう、若手の奴。これがものすごくカッコいいんですよね。それで、俺はこれをやるって勝手に想定してましてね（笑）。

――原田さんは『悲愁物語』で出会う以前、鈴木清順という監督についてどんなイメージをもっていらっしゃったんですか。

原田　鈴木さんはその前の作品をチョコチョコっと見てまして、俳優の側からいえば、何をこっちに仕掛けてくるかまったく見当がつかないという緊張感がありましたね。現場でいちばん最初のときに、果たしてどんな仕掛け方をしてくるんだろうかと。それまでの通常のとらえ方ではとらえられない何か、その範囲から抜けたところの何か仕掛けが必ずあるんじゃないかと。そういう緊張感が最初に現場へ行ったときにありましたね。

――で、どうだったんですか。

原田　いやあ、初日のファーストカットで見事にやられたんです。最初の撮影は僕と女がシナリオ上では車の中で話しているシーンで、いろいろ話をしながら、もめるわけなんですよ。日活のオープンセットに車が止まっていて、横からライティングがされている。そこへ行ったら、女優さんは車の助手席に乗っているわけですよ。僕は運転してるというト書きがありますから。それで、ドアを開けて運転席に乗って、ハンドルを握ってたら、そこへ鈴木さん、トコトコとやってきて、「原田さん、そこじゃありません」って言うわけですよ。「はあ？」と思ってると、「ドアを閉めて外へ出て下さい」って。で、車の最後尾より、もっととんでもないところに離されちゃって、彼女は……。

──車の中にいる。

原田　そう、「これで会話して下さい」って。聞こえないよねえ(笑)。「エエーッ、これかあ！」と思って、それが一発目(笑)。

──予想どおり仕掛けてきた(笑)。

原田　そうですよ。最初がそうだったものですから、それからあと、いままでみたいに構えていくのはやめようと思ったんです。

──初日で？

原田　うん。『悲愁物語』が終わったとき、ほんとにまあ、自分は間違ったなあと思ったですね。鈴木映画に対するとっかかり方が。それまではわりあいに、特に日活映画では、もっとシリアスな遊び方をしてたものですからね。それは状況設定はいろいろで、フィクションとして大幅に飛躍した状況設定のときはいくらでもありましたけど、現場でのやり方というのは、ある程度、シリアスな部分がぴっちり押さえられた部分があったわけです。その上で、あと、遊びの部分がどれだけ広がっていくかというようなところでやってきたわけですよね。

鈴木清順監督

――その土台が清順さんの場合は……。

原田　もう全然。その日、事前にこっちがある程度、今度こうかな、ああかなと考えていくことが、ことごとく裏切られていくわけですよね、現場で。だからもう、そっちを楽しもうと思ったですね。裏切られることの楽しさみたいな、もうそっちへもっていったんですよ、最後は。

――小林旭とか渡哲也なんかはどうしてたんでしょうね。

原田　どうしてたんですかねえ。実際それが完成された映画としてどうなっているかということは、もちろんわからないですよね、誰も。

――キャメラマンでもわからないのではないかという感じがしますね。

原田　『ツィゴイネルワイゼン』（八〇年）のときにそういうことがありましたよ。あのとき僕は、映画がすでに封切られているんだけどまだ僕だけリテイクを撮っていたという、非常に稀有な体験をしたんです。清順さんがある桜のシーンを気に入らなくて、南アルプスのこっち側に甲斐駒という山があるんですけど、それが望めるあたりまで撮り直しに行ったんですよ。で、そこだけ嵌め替えたわけ、途中から。だから僕は嵌め替えたやつを見てないんですよね。そのときにね、撮り終えてから昼メシ食ってるときに、キャメラマンの永塚さんは普段でもあまりお話にならないんですけど、「原田さん、ちょっとつかぬことをお聞きするんですが、あたくしは鈴木さんとはもう何年ものお付き合いで、何本もの映画を撮らせてもらった。撮っててわからない。原田さんはわかっておやりになっているんですか」って（笑）。「とんでもありません、僕もさっぱりわかりません」と答えると、「そうでしょうねえ、そうですよねえ」（笑）。永塚さんとはけっこうな時間を過ごしているんですが、その一言しか永塚さんとしゃべってないような気がするぐらい、印象的だったです。

オモチャを与えられる

――永塚一栄さんは原田さんがわかってると思われたんでしょうかね。

原田 思ったのかもしれませんね。というのは『ツィゴイネルワイゼン』のときには、音楽とか何シーンとかはもう全部、僕にお任せのときがあったわけです。好きなようにやって下さいと。僕が砂漠でなんか縛られて踊るところだとか、あのときに流れてる音楽だとか、そういうのは、その場のまったくぶっつけ本番でやったようなものなんです。永塚さんはそういうのをご覧になってて、もう僕は清順映画をものすごく理解しているというふうに錯覚したらしいですね（笑）。

――全部お任せなら、そう思っても不思議はないでしょうね。

原田 ひどいんですよ。音楽のときだって、突然、清順さんが「ここは音楽がほしい。歌って下さい」と言うわけですよ。「何やればいいんで

『ツィゴイネルワイゼン』写真提供：リトルモア

すか」って聞くと、「それはもうお任せします」と。それで、どうしたらいいかわからなくて、とりあえず僕の思いつきみたいなもんで、アフリカンドラムの石川晶さんというジャズの方にお願いして、スタジオにとりあえずアフリカのトーキングドラムとか楽器を何点か、あるものだけ用意しといて下さい、と言っただけなんです。で、石川さんがスタンバイするわけですよ、スタジオに。そこへ僕が行くでしょう。そうすると、監督はもういらっしゃらないんです、そこに。それで何をやるのかわからなくって、困っちゃってね（笑）。そしたらたまたま日本の民謡集か何かの歌詞カードがあったんです、スタジオに。それを何となくパラパラめくってたら、青森かなんかの民謡で「ヒダラタラダシタラヒダラダシ」という変なのがあった。干したタラはタラだし、タラも干ダラなんだという意味なんですよね。ずっとそれだけなんですよ、歌詞が。メロディなんかわからないけど、その歌詞が気に入って、それで清順さんのところに電話しましてね、「いま、こういう歌詞があるんですけど、これにアドリブで曲を付けて、石川さんが叩いて、そんな感じでちょっとやってみたいと思いますが、いいでしょうか」って言ったら「あ、結構です、結構です」って（笑）。

――**あの軽い調子で（笑）。でも不思議な音楽ですよね、あれ。**

原田　石川さんがとにかくポンポンと叩くわけですよ。そこでこっちがアドリブでそれに乗せていくというやり方で何パターンもとって、そのうちの一本を聞いていただいてＯＫになったんです。それを今度、砂漠で流すわけですけど、清順さんがまた「何かやって下さい」。どうしていいかわかんないんですよ、そのときだって。

――あの砂浜はどこですか。

原田　あれは浜松砂丘。前の日の晩、監督と何人かで先乗りして、次の日の朝、わりあい早めに撮ったんですけど、何していいかわからないんですよね。着いた夜、もう僕は飲み始めちゃって、夜中の二時か三時頃でしたかね、でっかい大広間に一人だけいて、そこにカラオケがあったもんだから、ヤケッパチになってカラオケ歌ったんですよ。もう思いつかないから。ワアワア、カラオケでわめいてたら、そこへ清順さんがポッツリきて、「どうですか、具合は」って(笑)。それで結局、二人、何をしゃべるでもなく、そこら辺で飲んで、そして朝近くなったから、僕は「まあ縄だけ用意して下さい」ってだけ言ったんですよ。すると清順さんは「あ、そうですか。縄だけ持ってね」(笑)。

――そんなふうに全面的にお任せで撮る場合、清順さんの頭の中では前からの流れと後ろの流れとの関係はどうなってるんでしょうね。

原田　わりあい放散されているイメージがありますよね、鈴木監督の映画は。凝縮しているんじゃなくて、むしろ一つひとつのシークエンスが放散して飛び交うでしょう。で、あの映画は、放散したそれぞれのイメージがつながっていくわけです。そうすると、どこかで焼き物の窯変みたいに、その中で起こったこと、スタッフワークから俳優の芝居とかも含めて、そこへトーンと出てきたものの中から、非常にイメージアップしていくというようなことがあって、今度それをつなげることにおいてまったく予想外な変化がそこに起こってくる。そこでまた映画が変化していくというようなことを、どこかで楽しんでいるんじゃないかというね。

――**なるほど、放散する光の一つを原田さんにお任せしちゃって、そのことによって……。**

原田　そこにコーンとぶち当たったときに、映画の中の一つの現実みたいなところがまったくとんでもない形になって、予測が裏切られていく。予測できない何かがそれのあいだに必ず入っているという。だから決してそれが何かの意味であったりすることじゃなくてね。むしろ、できるだけそういうものから遠ざかりたいというような傾向が、すごく鈴木監督の場合は大きいわけでしょう。

――**ごく普通の監督だったら、まさに逆ですよね。放散しちゃうとわからなくなるから、必ず一つにまとめていく方向にもっていきますよね。**

原田　そうです。だから清順さんの場合はセリフでも、役者があんまり意味音声的なことをはっきりさせて、何かをわかったようにやると、すごく機嫌が悪いわけですよ(笑)。わかんないでやる。その部分を突き放したときにどうなるかという、そこでバーッと放散していく部分ということを非常になんか、こう、待ってるというか、そういうようなところがある。

――**お任せというのは役者としてはどうなんですか。やはり自由ということですか。**

原田　例えば僕が首に縄を縛られたとします。誰かに引っ張られる。そういうシーンがあったときに、そのシーンの中では、あとは自由にしゃべって自由に動いていいということはあるんです。ただ、縄を縛るということだけは、きっちり縛られちまうんです。だからそのあとはもうとにかく自由にやれるんだけれど、現場にはいろんな仕掛けが仕掛けられていて、そこを踏まないようにしていかないと爆発しちゃう。地雷はどこにあるかわからないみたいな(笑)。

――地雷は仕掛けておくんだ。

原田 そう、それで自由に。だから要するに、僕らに何種類かのオモチャを与えるわけです。この役にはこの役にふさわしいオモチャを、とね。それも非常に鈴木監督独特のオモチャなんです。そんなオモチャを与えておいて、どこまで遊べるかやってご覧なさいというような、そういう突きつけられ方というのはありますよね。

映画全体のイメージは明かさない

――『悲愁物語』で原田さんが、あれは最後のほうのシーンかな、ゴルフ場で走ってくるときに……。

原田 顔をシンメトリーに色で塗り分けましたよね。あれもおそらく、もう忘れちゃいましたけど、そのときに、どうしても顔をシンメトリーに割りたいという気持を持ったんですよね。それで、あれはゴルフ映画ですけ

『悲愁物語』写真提供:松竹　岡田真澄(左)と原田芳雄

ど、誰一人ゴルフそのものに興味がないわけですから。監督もゴルフやったことないし、僕もやったことない。全員の女優さんがやったことない。唯一、やったことあるのは岡田真澄さんぐらいだろうと思ったら、意外や意外、岡田さんもやっていらっしゃらなくてね。それで結局、ゴルフそのものを全然知らない者が集まってつくったゴルフ映画ですからね(笑)。最後のシーンのゴルフ場に立ってる旗なんかも、全然、ゴルフ場に立っている旗として使わないわけですよね。で、最後はあれを持って走るということはあったんで、僕がシンメトリーに顔を割ったら、監督はちゃんと了解してくれたわけですよ。「結構です。それでいきましょう」って。そしたらあるとき『悲愁物語』を見たあとに観客とのシンポジウムがありましてね。そこに僕と監督も同席させられて、案の定、客席から、最後のシンメトリーに色を塗ったのはどういう意味だというふうに質問があったんですよ。そしたら鈴木監督、「あ、あれは原田さんのお考えでやったことですので、原田さんにお聞きになって下さい」(笑)。

原田　すごいですよ。

――まったく責任とる気がない(笑)。

――で、原田さん、なんて答えたんですか。

原田　だから、「わかりません。意味ありません」(笑)。

――初めての役者が現場へ行って、清順さんに、ここはどういうふうな気持で演じたらいいんですかとか、ごく素朴に聞くことはあるでしょうね。そういう場合はどうす

るんですかね。

原田　まったく同じ答えが返ってきますよ。このあいだ『夢二』(九一年)のときも、坂東玉三郎さんは初めてでしたからね、あとで半分呆れ顔で笑いながらしゃべってましたけど、最初のときに、いままでのああいう感じで玉三郎さんが、「監督、ここはどういう意味なんですか」って聞いたら、もう間髪入れず、「意味はありません、僕の映画には」(笑)。

――**相手かまわずなんですね。**

原田　玉三郎さんは「もう、ねえ、原田さん、あたし困っちゃった」って、あとで笑いながら言ってましたけどね。

――**とにかく説明はしたくないということですね。**

原田　なんて言いますか、一つのシーンを撮ろうとしたときに、おそらく全体の中でのイメージというのはある程度あると思いますよね、監督には。だけど、どうしてもそれは絶対明かさないですよ、現場でも。俳優のポジションだけじゃなく、その映画にかかわるすべてのポジションに関してですよ。キャメラ、照明、録音、全部です、音楽も含めて。その上で、できるだけその中で与えられたものを生き生きと超えてくれれば、すごく機嫌がいいんですよ。特に女優さんには非常にこだわりが強いですから、女優さんのそこでのニュアンスが、かつて見たことも聞いたこともないようなニュアンスがそこにフオッと出たときには、もう本当に喜びますね。なんかこう、いままでどおりの概念とか、そういうものに沿ってその範囲内でその人が硬直してやられると、もう機嫌が悪いんですよ。だから硬直したのが嫌いなんですよ、要するに。

俳優が全員白塗りでも映画は撮れる

――だいぶ前に清順さん自身から聞いたんだけど、なんかの映画のときに小林旭に、とても三歩では歩けない距離を三歩で歩いて下さいと注文を出して、小林旭が困ったとか。そういうのは硬直を壊してしまおうという狙いなんですかね。

原田　それは非常に両極端ありますよね。ものすごくパッと決めることにおいて、逆に自由さがその中で発揮される場合と、もう全然決めていかないで、決めないことにおいてある意味では逆に不自由さというか、そういうものを役者のほうに感じさせていく場合と。その両極端をすごく使い分けてるという感じがしますね。特にこれは僕の感じですけども、あまり生理的になっていくのは、非常にいやなんですね。刺身が百人前出されちゃうのはいやだっていうのがあって、なまものはほんの白身と赤身がひと切れずつあればいいみたいな、そういう感じですね。

――心理の流れを追うということは、とにかく徹底してやらないというか。

原田　そういう部分ではほとんど面白がらないですね。

――それでいて、自分の映画づくりは基本的に大船調メロドラマだと清順さんは言うの

——で、びっくりしますよね。そういうものを壊してるんだから。

原田　だからそれは両方で、それを使うときには、必ずそういうものを壊すだけの装置がそこにあるわけでしょう。

——装置？

原田　うん。女優さんに、とっても微妙な表情を要求するときもあるわけですよ。もうそれは、その女優さんがどんな心理をこめようが、心理をこめなくても、形だけでも何でもいいんですよ。こうやって見てて、うーん、と……。ものすごくお芝居をちゃんと見る監督ですからね。だから微妙な、非常に繊細なところを要求することもあるわけですけど、そのときには必ずまた装置が周りに用意されているということがありますよね。

——それじゃ微妙な表情を要求されたと思って、その役者が心理主義的にやると……。

原田　そうするともう怒るわけ。よけいなことをやるから(笑)。

——だいたい清順さんは役者に対して根本的に不満をもっているんじゃないかと、いつも思うんですよ。

原田　あ、それはあると思います。だから僕がいつか、歌舞伎でもいいし人形劇でもいいし、俳優が全員白塗りで映画というのは撮れますかって聞いたら、「それは撮れます」って(笑)。

——いっそ人形のほうがいいって言うんじゃないですか(笑)。

原田　清順さんの撮り方は、全体が動いていくダイナミズムというのはものすごくスケール大きく動いているんですけど、部分的な手ざわりというのは大変きめこまやかですよね。そういう部分がありますす。そういうことを言うとまた怒るかもしれませんけど、非常にまあ女性的というか、感じ方に繊細な部分はありますよね。

――ナタで割ったみたいな荒っぽさはないですよね。

原田　そうですね。ところが実際は、切り口はナタじゃないですけど、僕、この前、どこかで思いつきでしゃべったんですけど、鈴木監督に「ちょっとその果物ナイフを取って下さい」って頼んだら、絶対あの人は柄のほうから下さらないなって(笑)。

――そういうヤバい感じはありますね、カットからカットへの跳び方にしても。

原田　そう。実際の現場でも映画をつくっているプロセスの中で大きく変化していると思いますね。あらかじめ監督の中でここはこうだと考えていることよりは、撮りながらその映画自身が大変な変化をしているんじゃないか。撮っている過程でいろんな運動みたいなものをとっても楽しむというか、そういったところにエネルギーが常に向いているんじゃないかと。

――そういう意味でもやっぱり放散型ですね。

原田　そうですね。監督の中で、そういうものすごい遊びがあると思うんですよ。その間にいろんな仕掛けがあって、今度また、最後の仕上げの過程で、もうひと仕掛け控えているということはあると思いますけど。だから現場では、その中のどういう一つの部分であるかなんてことは、自分たちにも百パーセント頭にない。だからそこで、こっちもできるだけ楽しまなくっちゃだめなんですよね。悩んだりなんかするの嫌いですから(笑)。悩みの「ナ」の字でも役者がもってたら、もうだめですからね(笑)。

だますのは身内から

――『夢二』を見て、原田さんの金髪というか銀髪というか真っ白な髪にびっくりしたんですが、あれは原田さんご自身のアイディアだそうですね。清順さんは髪を切れと言ったんですって?

原田　それはね、切れとまでは言わないんですよ。あのとき僕は、前の映画からずっとそのまんまほっしいたものですから、伸び放題伸びてて肩口から背中ぐらいまで長かったんです。それで、ニュアンスとしてはそういうものもあったんですよ、事前には。それはでも、切れとはちゃんと言わないです、絶対。僕としては、ああいう旦那の役というのは、『陽炎座』(八一年)で中村嘉葎雄さんがとってもすごい旦那というのをきっちりやられてますからね、今度の『夢二』の旦那は自分の中でどういうふうにやろうかというのが、なかなか思いつかないんですよ。それでまた大正でしょう。僕は昭和の初期戦後っ子ですから、アメリカ世代でしょう、要するに。だからどうも大正というのは、すごい苦手なわけですよね。そういうことも含めて、どういうふうにもっていっていいかわからなかった。それであのときに、真っ白にしてやろうかと思ったんです。髪の毛というのは非常に面白くてね、髪は女の命というけど、髪は男の命というぐらいに、髪の毛というのは全体の力というか霊力というか、まあ、そんなような一つの役割があるわけですよね。だから行《ぎょう》をやる人なんかも、髪の毛からいろんな力を自分の中に吸い寄せてきたりなんかするというのがありますよね。そういう意味で、全部もう抜いちゃおうかと思ったんですね。そんなことでね、限りなく白に近づけようと思ったんですけど、結局、あそこまでしかいかなかった。白髪が金髪と見えたりなんか、それはもうどっちでもいいと思ったんですよ。

——事前にそれは清順さんと相談はされたんですか。

原田　全然しなかった。衣装合わせがあったんですよ。そのとき監督に「ちょっとこう、白いものなんか入れてはどうですかね、髪に」って言ったんですよ。すると「結構じゃないですか」と。僕はそのときすでに真っ白という頭はあったんですよ。だけど真っ白と言うと、あとでややこしいなと思うから、ちょっと白いものを混ぜたらって。そしたら「あ、結構ですね」と言ったから、あとでこの髪で行って、「だから、僕、白いものって言いましたよね」と言うことにしようとね(笑)。

——作戦は立てたんだ、やっぱり(笑)。

原田　そりゃあ僕は、それが全体の中で凶と出るか吉と出るかわからない賭けで行きましたからね。

――で、実際に行ったとき、清順さんは驚きましたか。

原田　そんなの、ないんですよ。初日のとき、僕はこう構えて待ってたんですよ、現場で。そしたらツカツカってきましてね、パッと見た瞬間、「嬉しいですか」って(笑)。「いや、嬉しくないですよ」「嬉しいでしょう、でも、それ」「嬉しくないですよ」「だって、原田さん、八十歳の役をおやりになりたいって言ってたから、嬉しいでしょう」(笑)。

――そんなふうにして結局は受け入れてしまうわけだから、そこが清順さんの映画のとっても自由なところなんですね。

原田　だから、よく周りの役者仲間なんかは、ものすごくきっちり決められているというふうに、みんな、出来上がった映画の中ではそう思うんですけど、じつはあんなに自由な現場はないんですよ。のびのびできる。実際、鈴木組に入ってみると、自分の中でどんなことを感じて何を発想するかということに関して、ものすごく自由な現場ですよね。そういうところがまた一方では、こっちがやったことがズタズタに裏切られていくという、非常にマゾヒスティックな快感があるわけですよ(笑)。

――自由であることの不自由さというか、不自由であることの自由さというか、そんなややこしさ。

原田　両方。ま、結局はそこら辺で、相対的には鈴木清順作品の全体の中で遊んでるんですけど、映画が何かの正しさを求めてるわけでも何でもないので、その映画にかかわった者のそれぞれがそれそれの思いをとりあえず全部そこへ出す。それでそのことを監督自身もあれよあれよと見守ってなくちゃならない部分というのは必ず残しているんですけど、あれよあれよと見守っていなくちゃならない部分に対して、監督は非常に忸怩たる思いを口の中でかこっていることだけはすごくよくわかるんですよね。

——それはしかし、どうあったところで、清順さんがよかったよかったと百パーセント思うということはあり得ないでしょうね。

原田　絶対ないですよ。だからそれは極端に言うと、誰が悪いのか、映画というものが悪いんだと思っているんですよ。ま、映画のせいですっていうふうに（笑）。

——清順さんならそう言いますね（笑）。普通はどこかで言い訳ができるわけですよ。今度は役者がひどかったとか、予算が足りなかったとか。

原田　それはだから、映画で何かをやろうとしたり何かのためだったりすると、そうなるかもしれませんけど、たぶん全然、そういうふうに映画をとらえてないんじゃないかと。

——インタビューなんかで、映画が好きで映画監督になったのだろうという前提で質問をしたりしたら、怒りますからね。たまたま就職した先が撮影所だっただけなんだって。

原田　いやあ、絶対、インタビューの答えからあの人を推し測ると、とんでもない間違いをしますよ(笑)。あんなに人を驚かしたり、人を侮ることの好きな人はいないなあと思う。そこら辺で、だますのは身内から、というのがまずあってね。まず役者をだまし、キャメラマンを驚かし、役者を驚かし、役者を侮り、もう、したい放題ですね。縦横無尽(笑)。またね、何回かやってくると、こっちもね、ワクワクしながら行くんですよ、現場へ。さあ、きょうは何があるかなあって。それが楽しみなんですよ。だから映画全体のことなんか、誰も考えてない(笑)。

――いや、だけど、原田さんが真っ白の髪にしたのは、日ごろやられているもんだから、今回はひとつ鈴木清順を驚かしてやろうと。

原田　いやあ、そんな考えはもてませんよ。そんなことぐらいで驚く人じゃない。それはもう、こっちとしちゃ、及び腰ですよ。で、今年の年賀状に「やっぱり日本人は髪を染めちゃいけませんね」って書いてある(笑)。

これでOK出すんだから度胸あるなあ

――お話を聞いてると、監督と俳優の関係というのはじつに面白いですね。そんな中から一本の映画が生まれてゆく。

原田　まあ、でも、映画というのはどんな場合でも、やっぱり監督の力ですよ。やっぱりこっち側の個人プレイというものは絶対ないと思いますからね。そういう中で、監督から結局、こっちがある一つの何かを与えられるんでしょうね。こっちがやったことに対して、それ以上の深さというか。

――特に鈴木清順監督の現場では、先ほどからの話にあるように、役者が全体のことを考えても仕方ないでしょうね。

原田　それはもうある程度、そのシークエンスだけに賭けちゃうんです。これが全体の中でどういうふうになるかということは、自分の中ではおっぽり投げるわけです。だから監督の作業にここは任せようと。ゆだねちゃうんです。そういうふうにやるというのはね、非常に独特なところがありますよ、鈴木組は。そういうのって楽しいですよ。そうすると次は自由になるんですよ。例えば僕が与えられた役の一貫性というよりは、その役柄の中でまたいろんなものを放出していく。清順さんの映画というのは、今度の『夢二』でも三人の夢二が放散するというシーンもありますけども、どんなシークエンスに出てくるやつの中でも、ある一つのシークエンスの中では前の役割とこれは全然違う放散の仕方をしてしまうということがあるんですよ。それがトータルの中になってくると、どういう色合いになって出てくるか。それはどれだけ絵具の数がその中に使えるのかということで、どこかでそういう監督の目があると思うんですよね。だから一つの役をやっていても、この役柄だったらこういう行動線はとらないとか何かというのはまったく意味ないんですよ。全然、次の瞬間に違うことをやってもかまわない。じゃあ、これはもう、何だかわからなくなっちゃうじゃないかと。ところがそうじゃないですよね。その中で、役の主人というのがいるわけです。僕の場合、今度は脇屋という役ですけど、脇屋の中の主人が不在になっちゃうと困っちゃうわけですよ。これはいるんですよ。だけど、その主人さえちゃんとしていれば、あとはもう。

――そこら辺が、しかしですね、映画を見ているときに、主人がいなくなっているのかどうか、いるのかいないのか、わからなくされちゃうわけですよ、清順さんの映画では。

原田　あ、そうか（笑）。

――まさに自由かつ無責任ですよ（笑）。こんなに放散に徹した映画はちょっとないですよね、他には。

原田　ま、みんなまとめようとしてますよね。わりあいそれが本流ですよね。それと相対的に鈴木映画があると思っちゃうと、そんなもんじゃない。相対的どころか、そんな次元じゃないんだという。最初から相対的だと思ってないわけですから、鈴木さんのほうでは。相対としてこういうのをつくろうとも何とも思ってないわけでしょう、鈴木監督の映画というのは。他の映画のことは僕も知りませんという（笑）。

――日活時代には清順さんも二本立ての表の作品を意識して撮っていたけど、一九七〇年代以降は、日本映画の表番組というか主流というのがなくなっちゃいましたからね。

原田　いま、そういう意味では主人がいなくなったわけです。旦那もいなくなっちゃった（笑）。

――だから自由といっても、監督も俳優も、パースペクティヴをつかめないところでやるしかないんでしょうね。

原田　それはだから逆に言えば、日本映画とか何とかというようなところで、じゃ何かやってやろうということだったら、ますますだめになっていくという。鈴木さんの映画がこのあいだのオランダの映画祭で十日間も特集をやられるとかということになっても、最初から鈴木さんはそういう範囲内では映画をつくっていらっしゃらないんですよね。鈴木清順映画をつくるというだけでね。いま、この日本という国の中で映画をつくるんだけども、日本映画とか何とかじゃなくて、いま日本人がどんなことをやって、どうやったら、そこにかかわっている者がいちばん楽しめるのかということをやったら、それは絶対、例えばアメリカだとかヨーロッパだとか、あっちのほうにどんどん流出していく方向で何かがあると思うんですよ。だから日本映画のこの状況の中で鈴木清順さんの映画をとらえるんじゃなくて、もっと全体の中で世界的にとらえていったほうがいいと思うんです。

――少し話がそれますけど、そういうことに関連して前から一度お聞きしたかったのは、原田さんは歌をやられてますね。俳優と歌の両方をやるのは、いまの話に通じます?

原田　もう全然おんなじです。何の違いもそこにはないです。

――映画と音楽の間を自由に行き来できますか。

原田　ええ、もう。今度なんかでも『夢二』の撮影の最中にライヴをやってましたから。

――そんなことをしたら、そこで気分が割れちゃうというか。

原田　いえ、全然。むしろ相乗していくんです。だからわりあい日常的に往復しているんです。そうすると非常にいいですね。特に僕なんか肉体ひっさげている者は、非常にいいですよ。

――何でしょう、それは。

原田　遊び道具はもちろん違うんですけど、ただ、音楽というのは、遊び事としては、川の流れでいえば、どうしても上流のような気がしますね、映画よりは。僕の場合、ライヴですけどね、やっぱり上流にある。音の世界というのは上流にあると思いますよ。

――それは言葉に頼らないからでしょうかね。

原田　それ以前に、もっと、音楽という絶対的なものがありますから。そうすると、そこからこう……。

――流れてくる。

原田　ええ、だから立ち向かうときに逆になるんですね。清順さんの映画のときには非常に似たようなことがありますね。こっちを通してから何かということより、例えば何か用意されているときがあるから、そこに向かってこっちが出ていくというところがありますね。非常に音楽的なことがあるんですよ、清順さんの現場というのは。それとまた、こっちに引きつけなくちゃならないというのと、両方やるんですよね。普通だったら芝居でも、俳優は内側にまず引っ込んで、それから外へ出していく。音楽というのはまず音があるから、音がコーンと出るから、こっちがこう出るわけですよね。そうすると逆な流れになるわけです。こっちのエネルギーを押す一つの回路が、音楽と芝居とは逆の流れになるときがある。鈴木さんの映画のときにはそれと似たようなことがあるわけですよ。まずポーンとあって、それに向かってこっちが出していく。だから一本の映画の中で、そういうふうに回路が逆さになったり何かすることがあるのが、非常に独特だと思いますね。

――**で、こっちが出ていった場合、受け止める清順さんのほうはどうなんでしょう。そうじゃないとかの注文は出るんですか。**

原田 そういうダメ出しとか、できるだけなさらないんです。だから言うときには、ほんとに、ここ、というときしか言わない。だからそのときには僕は素直にそのとおりにやる。ある程度のところまでは、すごく許容していくんじゃないのかな、清順さんは。僕は自分でやっていて思いますもの。自分がキャメラの回る前でやったことに対して、ほお、これでOK出すんだから度胸あるなあって思っちゃいますよ(笑)。

――**芝居をやる本人が思うんだから、すごい**(笑)。

原田 そうですよ。やってる自分でエエーッと思ったり、自分でやってて意味なんてわかりませんからね、役者は。だから一応やることはやる。でも監督がOKなんだからと。とりあえず遊びというのは終わらなくちゃいけなくて、ずっとやっているわけにはいきませんからね。

――**そういう意味ではものすごい許容量のある監督なんでしょうね。**

原田 やっぱり度胸。役者にしてもほかのポジションにしてもみんなそうでしょうけど、やっている側は全然、自分自身のことに関してはわかりませんね。だから清順さんが「ＯＫ」と言ったときには、トータルで考えると、よくあれでＯＫが出るなと(笑)。映画監督というのはやっぱり度胸がないとだめですね。

――だけどご本人はどうなんだろうなあ。

原田　おそらくもう役者全般には不満でしょうね、常に。

――あらゆるパートについてね。でもそこで、これはしょうがないんだと諦めるというか、断念した上で、できたものを取り込んじゃう。それがまさに度胸だと思いますね。

原田　映画というのは集団のものであるということは現実にあるものですから、陶器の窯あけと同じように、どういうふうに焼けているかわからない部分を確実に残しておくんですよね。その部分というのは、映画監督というのはずいぶん期待していると思います。

――不確実性に期待する。

原田　そう、期待する。それに対する祈りというのは多いと思うんですよ。ひょっとしたら何とかなる。たぶん、なるだろう！とね。それはもう度胸一発ですよ(笑)。

❖初出＝『ユリイカ』一九九一年四月号

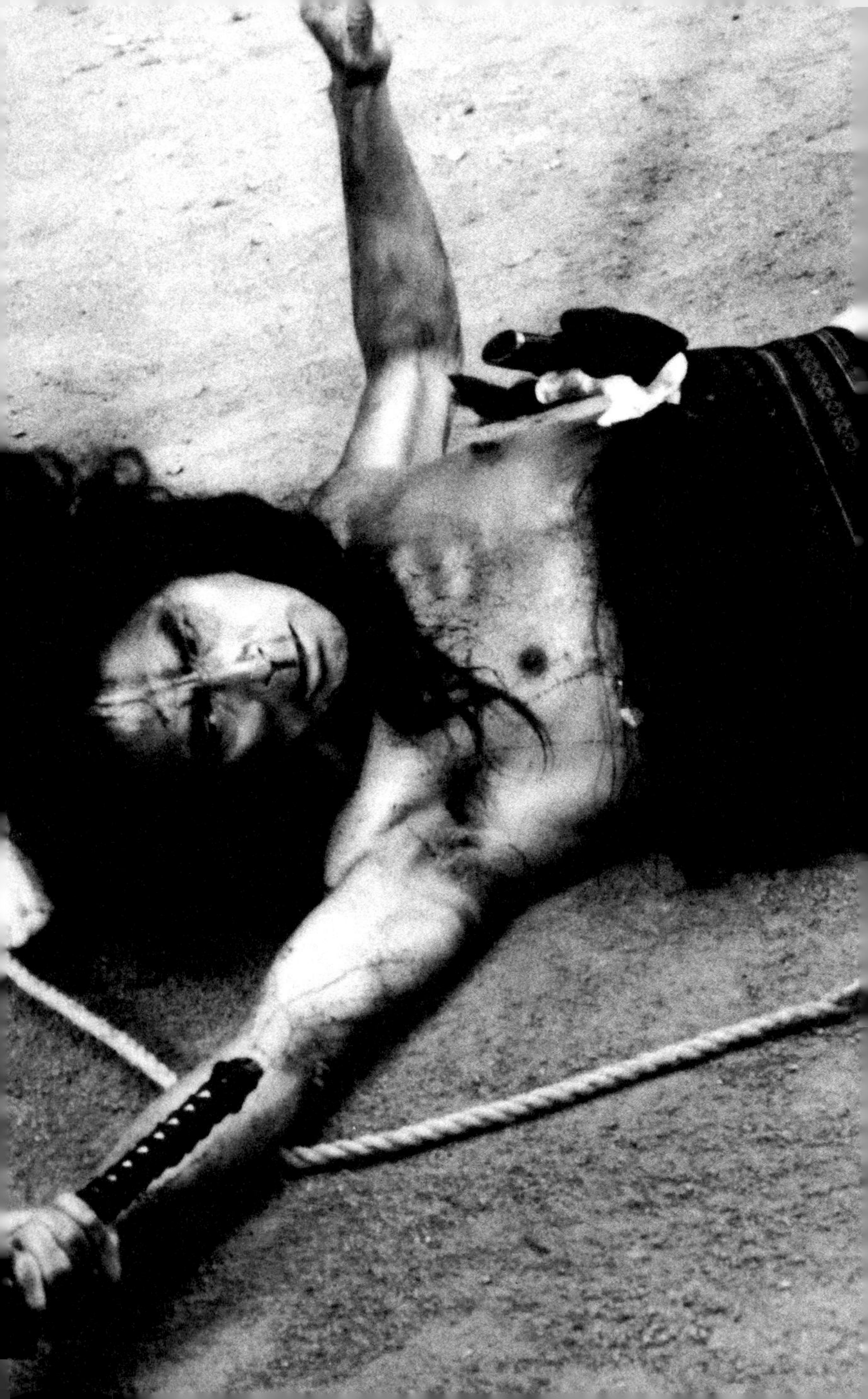

『浪人街』写真提供：松竹

あとがき

原田芳雄さんが亡くなり、一年ほど経って、まだ悲しみが残っている頃、彼の本をつくりたいと切実に思うようになった。ほぼ同年齢で、芳雄さんが映画にデビューした一九六八年に、映画批評の仕事を本格的に始め、彼の映画を見続けてきた者として、絶対にやらねば、と自分に言い聞かせたのである。だが、具体的なプランは何もなかった。そんななか、親しい孫家邦プロデューサーが、芳雄さんの本をつくりましょうよと言ってくれ、即応したものの、何も決まらないままになった。

キネマ旬報社の青木眞弥さんが、そんなときに、具体的な提案をしてきた。原田章代さんのインタビューである。彼女には何度もお目にかかっていたから、これは好い本になると確信した。章代さんに二人で会うとともに、芳雄さんの仕事について資料を集めてプランを練った。彼女はすぐには話に乗らなかったので、一時は諦めるしかないかとも思ったが、強引な申し出を受けていただき、インタビューを重ねた。その成果が本書の中心部をなす。

途中、章代さんから、石橋蓮司さんと鈴木達夫さんのインタビューを入れてはどうかとの提案があった。一も二もなく賛成し、素敵なお話を聞くことが出来た。また、芳雄さん自身の発言をぜひ、と考え、かつてのインタビューを再録した。

いま、芳雄さんの本をつくる作業をほぼ終えるに当たって、章代さんに心からの感謝を捧げる。こちらのぶしつけな質問を無視せず、記憶の底を探り、的確な言葉を紡ぎ出す営みは、容易に出来るものではない。原田麻由さんにもお礼を申し上げる。インタビューに同席して、話が迷路に入りかけるや、即座に調べて情報を伝えてもらったのには、大いに助けられた。

旧知の編集者、青木さんとの久しぶりの仕事が芳雄さんの本であったこと、そして、映画的親友であるブックデザイナー、鈴木一誌さんに本づくりを頼めたことは、何とも嬉しい。青木さんとは企画の出発時から、本の刊行とともに特集上映会を必ずやろうと決め、そのとおりになりつつある。

山根貞男

芳雄さんの二十回目の誕生日を目前に　二〇二〇年二月

原田芳雄　出演作品データ

映画

一九六八年

復讐の歌が聞える

封切日＝九月一七日　製作＝松竹、俳優座
スタッフ▽監督＝貞永方久、山根成之　**原作・脚色**＝石原慎太郎　**撮影**＝酒井忠
出演⦿内田良平、岩本多代

一九六九年

若者はゆく　―続若者たち―

封切日＝五月一〇日　製作＝俳優座映画放送
スタッフ▽監督＝森川時久　**脚本**＝山内久　**撮影**＝宮島義勇
出演⦿田中邦衛、橋本功、山本圭、佐藤オリエ、松山省二

一九七〇年

反逆のメロディー

封切日＝七月二二日　製作＝日活
スタッフ▽監督＝澤田幸弘　**脚本**＝佐治乾、蘇武路夫　**撮影**＝山崎善弘
出演⦿佐藤蛾次郎、地井武男、藤竜也、梶芽衣子

新宿アウトロー　ぶっ飛ばせ

封切日＝一〇月二四日　製作＝日活
スタッフ▽監督＝藤田敏八　**脚本**＝永原秀一、蘇武路夫、藤田敏八　**撮影**＝萩原憲治
出演⦿渡哲也、梶芽衣子、成田三樹夫、沖雅也

一九七一年

野良猫ロック　暴走集団'71

封切日＝一月三日　製作＝日活
スタッフ▽監督＝藤田敏八　**脚本**＝永原秀一、浅井達也　**撮影**＝萩原憲治
出演⦿藤竜也、梶芽衣子、地井武男、常田富士男

関東流れ者

封切日＝一月六日　製作＝日活

スタッフ▼監督＝小沢啓一　脚本＝棚田吾郎、小椋正彦　撮影＝安藤庄平

出演⊙渡哲也、丘みつ子、沖雅也、水島道太郎、今井健二

関東幹部会

封切日＝四月二四日　製作＝日活

スタッフ▼監督＝沢田幸弘　脚本＝鴨井達比古、来栖三郎、伊地智啓　撮影＝山崎善弘

出演⊙渡哲也、長門勇、丘みつ子

塹壕

封切日＝五月四日

スタッフ▼監督＝星紀市

❖ドキュメンタリーでナレーションを担当

八月の濡れた砂

封切日＝八月二五日　製作＝日活

スタッフ▼監督＝藤田敏八　脚本＝藤田敏八、峰尾基三、大和屋竺　撮影＝萩原憲治

出演⊙広瀬昌助、村野武範、テレサ野田、藤田みどり、隅田和世

告白的女優論

封切日＝一二月一八日　製作＝現代映画社

スタッフ▼監督＝吉田喜重　原作＝＝吉田喜重、山田正弘　撮影＝長谷川元吉

出演⊙浅丘ルリ子、岡田茉莉子、有馬稲子、木村功

一九七二年

無宿人御子神の丈吉　牙は引き裂いた

封切日＝六月一〇日　製作＝東京映画

スタッフ▼監督＝池広一夫　原作＝笹沢左保　脚本＝石松愛弘　撮影＝宮川一夫

出演⊙中村敦夫、峰岸隆之介、北林早苗

無宿人御子神の丈吉　川風に過去は流れた

封切日＝一〇月一〇日　製作＝東宝映画

スタッフ▼監督＝池広一夫　原作＝笹沢左保　脚本＝石松愛弘、池広一夫　撮影＝宮川一夫

出演⊙中村敦夫、峰岸隆之介、中野良子

一九七三年

赤い鳥逃げた？

封切日＝二月一七日　製作＝グループ・法亡

スタッフ▼監督＝藤田敏八　脚本＝藤田敏八、ジェームス三木　撮影＝鈴木達夫

出演⊙大門正明、桃井かおり、地井武男

無宿人御子神の丈吉　黄昏に閃光が飛んだ

封切日＝六月九日　製作＝東京映画
スタッフ▼監督＝池広一夫　**原作**＝笹沢左保　**脚本**＝永原秀一、池広一夫　**撮影**＝岡崎宏三
出演⊙夏八木勲、安田道代、小川範子

一九七四年

修羅雪姫　怨み恋歌

封切日＝六月一五日　製作＝東京映画
スタッフ▼監督＝藤田敏八　**原作**＝小池一雄、上村一夫　**脚本**＝長田紀生、大原清秀　**撮影**＝鈴木達夫
出演⊙梶芽衣子、伊丹十三、吉行和子、岸田森

竜馬暗殺

封切日＝八月三日　製作＝映画同人社＝ATG
スタッフ▼監督＝黒木和雄　**脚本**＝清水邦夫、田辺泰志　**撮影**＝田村正毅
出演⊙石橋蓮司、中川梨絵、松田優作、桃井かおり

田園に死す

封切日＝一二月二八日　製作＝人力飛行機舎＝ATG
スタッフ▼監督＝寺山修司　**原作・脚本**＝寺山修司　**撮影**＝鈴木達夫
出演⊙高野浩幸、菅貫太郎、八千草薫、春川ますみ

一九七五年

祭りの準備

封切日＝一一月八日　製作＝綜映社＝映画同人社＝ATG
スタッフ▼監督＝黒木和雄　**原作・脚本**＝中島丈博　**撮影**＝鈴木達夫
出演⊙江藤潤、竹下景子、桂木梨江

裸足のブルージン

封切日＝一二月二〇日　製作＝東宝＝ホリプロ
スタッフ▼監督＝藤田敏八　**脚本**＝大和屋竺、長野洋、藤田敏八　**撮影**＝山崎善弘
出演⊙和田アキ子、山本伸吾、伊藤雄之助、和田浩治

一九七六年

君よ憤怒の河を渉れ

封切日＝二月一一日　製作＝永田プロ＝大映映画
スタッフ▼監督＝佐藤純彌　**原作**＝西村寿行　**脚本**＝田坂啓、佐藤純彌　**撮影**＝小林節雄
出演⊙高倉健、中野良子、大滝秀治、池辺良

やさぐれ刑事《デカ》

封切日＝四月三日　製作＝松竹
スタッフ▼監督＝渡辺祐介　**原作**＝藤本義一　**脚本**＝渡辺祐介、国弘威雄　**撮影**＝丸山憲司
出演⊙高橋悦史、大谷直子

反逆の旅

封切日＝九月四日　製作＝松竹
スタッフ▼監督＝渡辺佑介　**原作**＝藤原審爾　**脚本**＝長田紀生　**潤色**＝宮川一郎
撮影＝小杉正雄
出演⊙高橋洋子、麻生れい子、田中邦衛

一九七七年

悲愁物語

封切日＝五月二一日　製作＝松竹＝三協映画
スタッフ▼監督＝鈴木清順　**原案**＝梶原一騎　**脚本**＝大和屋竺　**撮影**＝森勝
出演⊙白木葉子、岡田真澄、江波杏子

はなれ瞽女おりん

封切日＝一一月一九日　製作＝表現社
スタッフ▼監督＝篠田正浩　**原作**＝水上勉
脚本＝長谷部慶治、篠田正浩　**撮影**＝宮川一夫
出演⊙岩下志麻、奈良岡朋子、樹木希林

一九七八年

大地の砦

封切日＝一月一二日　製作＝星プロ
スタッフ▼監督＝星紀市
❖ドキュメンタリーでナレーションを担当

柳生一族の陰謀

封切日＝一月二一日　製作＝東映
スタッフ▼監督＝深作欣二　**脚本**＝野上達雄、松田寛夫、深作欣二　**撮影**＝中島徹
出演⊙萬屋錦之介、松方弘樹、西郷輝彦、山田五十鈴、千葉真一

原子力戦争　Lost Love

封切日＝二月二五日　製作＝文化企画プロモーション＝ATG
スタッフ▼監督＝黒木和雄　**原作**＝田原総一朗　**脚本**＝鴨井達比古　**撮影**＝根岸栄
出演⊙佐藤慶、山口小夜子、風吹ジュン

夜が崩れた

封切日＝三月二一日　製作＝松竹
スタッフ▼監督＝貞永方久　**原作**＝結城昌治　**脚本**＝田坂啓、貞永方久　**撮影**＝川又昂
出演⊙勝野洋、桃井かおり

犬笛

封切日＝四月一日　製作＝三船プロ
スタッフ▼監督＝中島貞夫　**原作**＝西村寿行　**脚本**＝菊島隆三、金子武郎　**撮影**＝斎藤孝雄
出演⊙菅原文太、北大路欣也

オレンジロード急行《エクスプレス》

封切日＝四月二九日　製作＝松竹＝おおもりプロ
スタッフ▼監督＝大森一樹　**原作・脚本**＝大

森一樹　**撮影**＝阪本善尚
出演◉嵐寛寿郎、岡田嘉子、森本レオ、中島ゆたか、小倉一郎

正午なり

封切日＝一二月三〇日　製作＝プロダクション12＝人間プロダクション＝ATG
スタッフ▽**監督**＝後藤幸一　**原作**＝丸山健二　**脚本**＝福地泡介　**撮影**＝西浦浩
出演◉金田賢一、田村幸司、結城しのぶ、若杉愛

一九七九年

さらば映画の友よ　インディアン・サマー

封切日＝五月二六日　製作＝キティ・フィルム
スタッフ▽**監督**＝原田真人　**脚本**＝原田真人　**撮影**＝長谷川元吉
出演◉川谷拓三、重田尚彦、浅野温子

闇の狩人

封切日＝六月一七日　製作＝俳優座＝松竹
スタッフ▽**監督**＝五社英雄　**原作**＝池波正太郎　**脚本**＝北沢直人　**撮影**＝酒井忠
出演◉仲代達矢、いしだあゆみ、岸恵子、千葉真一、梅宮辰夫

一九八〇年

ツィゴイネルワイゼン

封切日＝四月一〇日　製作＝シネマ・プラセット
スタッフ▽**監督**＝鈴木清順　**脚本**＝田中陽造　**撮影**＝永塚一栄
出演◉藤田敏八、大谷直子、大楠道代

夕暮まで

封切日＝九月二〇日　製作＝アートセンター
スタッフ▽**監督**＝黒木和雄　**原作**＝吉行淳之介　**脚本**＝浜地一郎、田辺泰志　**撮影**＝鈴木達夫
出演◉伊丹十三、桃井かおり、加賀まりこ

ヒポクラテスたち

封切日＝一一月二二日　製作＝アートセンター
スタッフ▽**監督**＝大森一樹　**脚本**＝大森一樹　**撮影**＝堀田泰寛
出演◉古尾谷雅人、光田昌弘、伊藤蘭、真喜志きさ子

ミスター・ミセス・ミス・ロンリー

封切日＝一二月二〇日　製作＝市山パースル＝ATG
スタッフ▽**監督**＝神代辰巳　**原案**＝刹那　**脚本**＝刹那、神代辰巳　**撮影**＝押切隆世
出演◉原田美枝子、宇崎竜童、三国連太郎

一九七〇年

スローなブギにしてくれ

封切日＝四月七日　製作＝角川春樹事務所＝東映

スタッフ▽監督＝藤田敏八　原作＝片岡義男　脚本＝内田栄一　撮影＝安藤庄平
出演⊙浅野温子、古尾谷雅人、山崎努

陽炎座

封切日＝八月二一日　製作＝シネマ・プラセット
スタッフ▽監督＝鈴木清順　原作＝泉鏡花
脚本＝田中陽造　撮影＝永塚一栄
出演⊙松田優作、大楠道代、中村嘉葎雄、楠田枝里子

一九八二年

水のないプール

封切日＝二月二〇日　製作＝若松プロ
スタッフ▽監督＝若松孝二　脚本＝内田栄一　撮影＝袴一真
出演⊙内田裕也、MIE、中村れい子

TATOO〈刺青〉あり

封切日＝六月五日　製作＝国際放映＝高橋プロ＝ATG
スタッフ▽監督＝高橋伴明　脚本＝西岡琢也　撮影＝長田勇市
出演⊙宇崎竜童、関根恵子

一九八三年

卍

封切日＝二月一二日　製作＝横山博人プロ
スタッフ▽監督＝横山博人　原作＝谷崎潤一郎　脚本＝馬場当　撮影＝中島徹
出演⊙樋口可南子、高瀬春奈

泪橋

封切日＝六月一七日　製作＝人間プロ
スタッフ▽監督＝黒木和雄　原作＝村松友視　脚本＝村松友視、唐十郎　撮影＝大津幸四郎
出演⊙渡瀬恒彦、佳村萌、藤真利子

魚影の群れ

封切日＝一〇月二九日　製作＝松竹
スタッフ▽監督＝相米慎二　原作＝吉村昭
脚本＝田中陽造　撮影＝長沼六男
出演⊙緒形拳、夏目雅子、佐藤浩市
❖イメージソングを担当

一九八四年

すかんぴんウォーク

封切日＝二月一一日　製作＝渡辺プロ＝シネマハウト＝N・C・P
スタッフ▽監督＝大森一樹　脚本＝丸山昇一　撮影＝水野尾信正
出演⊙吉川晃司、山田辰夫、鹿取容子

海燕ジョーの奇跡

封切日＝四月二八日　製作＝三船プロ＝松竹富士
スタッフ▽監督＝藤田敏八　原作＝佐木隆三　脚本＝神波史男、内田栄一、藤田敏八　撮影＝鈴木達夫
出演⊙時任三郎、藤谷美和子

さらば箱舟

封切日＝九月八日　製作＝劇団ひまわり＝人力飛行機舎＝ATG
スタッフ▼監督＝寺山修司　**脚本**＝寺山修司　**撮影**＝鈴木達夫
出演⊙小川真由美、山崎努、高橋洋子

一九八五年

ユー・ガッタ・チャンス

封切日＝二月九日　製作＝渡辺プロ＝N・C・P＝シネマハウト
スタッフ▼監督＝大森一樹　**脚本**＝丸山昇一　**撮影**＝水野尾信正
出演⊙吉川晃司、浅野ゆう子

生きてるうちが花なのよ死んだらそれまでよ党宣言

封切日＝五月一一日　製作＝キノシタ映画
スタッフ▼監督＝森崎東　**脚本**＝近藤昭二、大原清秀、森崎東　**撮影**＝浜田毅
出演⊙倍賞美津子、平田満、片石隆弘、竹本幸恵、泉谷しげる、上原由恵

友よ、静かに瞑れ

封切日＝六月一五日　製作＝角川春樹事務所
スタッフ▼監督＝崔洋一　**原作**＝北方謙三
脚本＝丸山昇一　**撮影**＝浜田毅
出演⊙藤竜也、倍賞美津子、林隆三

盗写／250分の1秒

封切日＝六月二三日
スタッフ▼監督＝原田真人　**脚本**＝原田真人　**撮影**＝長谷川元吉
出演⊙斎藤慶子、宇崎竜童

一九八六年

コミック雑誌なんかいらない！

封切日＝二月一日　製作＝ニュー・センチュリー・プロデューサーズ
スタッフ▼監督＝滝田洋二郎　**脚本**＝内田裕也、高木功　**撮影**＝志賀洋一
出演⊙内田裕也

キャバレー

封切日＝四月二六日　製作＝角川春樹事務所
スタッフ▼監督＝角川春樹　**原作**＝栗本薫
脚本＝田中陽造　**撮影**＝仙元誠三
出演⊙野村宏伸、鹿賀丈史、三原じゅん子、倍賞美津子

ビリィ・ザ・キッドの新しい夜明け

封切日＝八月一日　製作＝パルコ＝バップ
スタッフ▼監督＝山川直人　**原案**＝高橋源一郎　**脚本**＝高橋源一郎、山川直人　**撮影**＝高間賢治
出演⊙三上博史、真行寺君枝、室井滋、石橋蓮司

一九八七年

ちょうちん

封切日＝五月二三日　製作＝ヴィンフィル＝廣済堂プロ＝東亜興行

スタッフ▽監督＝梶間俊一　**原作**＝金子正次　**脚本**＝金子正次、塙五郎　**撮影**＝鈴木達夫
出演⊙陣内孝則、石田えり

あいつに恋して
封切日＝五月三〇日　製作＝フィルムリンク・インターナショナル＝ワーナー・パイオニア＝日本テレビ＝シネマリンクス＝小学館＝電通
スタッフ▽監督＝新城卓　**原作**＝島崎保久
脚本＝出山忍　**撮影**＝大岡新一
出演⊙風見慎吾、森高千里、植木等

この愛の物語
封切日＝九月一二日　製作＝松竹富士＝日本テレビ
スタッフ▽監督＝舛田利雄　**原作・脚本**＝つかこうへい　**撮影**＝仙元誠三
出演⊙中村雅俊、藤谷美和子、近藤真彦、根津甚八

さらば愛しき人よ
封切日＝九月一二日　製作＝松竹富士＝バーニング・プロ
スタッフ▽監督＝原田真人　**原作**＝西岡琢也　**脚本**＝原田真人　**撮影**＝藤沢順一
出演⊙郷ひろみ、石原真理子、木村一八

アラカルト・カンパニー
封切日＝一一月一四日　製作＝幻燈社
スタッフ▽監督＝太田圭　**原案**＝早乙女吾郎　**脚本**＝太田圭　**撮影**＝鈴木達夫
出演⊙尾見としのり、今井美樹、嶋大輔

一九八八年

フライング　飛翔
封切日＝五月一四日　製作＝SLプロジェクト
スタッフ▽監督＝曾根中生　**脚本**＝曾根中生　**撮影**＝伊藤昭裕
出演⊙黒木永子、高橋一也

TOMORROW　明日
封切日＝八月一三日　製作＝ライトビジョン＝沢井プロ＝創映新社
スタッフ▽監督＝黒木和雄　**原作**＝井上光晴　**脚本**＝黒木和雄、井上正子、竹内銃一郎　**撮影**＝鈴木達夫
出演⊙桃井かおり、南果歩、佐野史郎

一九八九年

キスより簡単
封切日＝一月二八日　製作＝若松プロ＝バンダイ＝鎌倉スーパーステーション
スタッフ▽監督＝若松孝二　**原作**＝石坂啓
脚本＝小水一男　**撮影**＝伊藤英男
出演⊙早瀬優香子、石渡譲

蛍
封切日＝二月一八日　製作＝ジー・カンパニー

＝東亜興行
スタッフ▼監督＝梶間俊一　**脚本**＝塙五郎、梶間俊一　**撮影**＝飯村雅彦
出演⊙柳葉敏郎、南果歩

夢見通りの人々
封切日＝八月五日　製作＝松竹
スタッフ▼監督＝森﨑東　**原作**＝宮本輝
脚本＝梶浦政男　**撮影**＝坂本典隆
出演⊙小倉久寛、南果歩、大地康雄

出張
封切日＝九月三〇日　製作＝URBAN21
スタッフ▼監督＝沖島勲　**脚本**＝沖島勲
撮影＝大津幸四郎
出演⊙石橋蓮司、松尾嘉代

どついたるねん
封切日＝一一月一一日　製作＝荒戸源次郎事務所
スタッフ▼監督＝阪本順治　**脚本**＝阪本順治　**撮影**＝笠松則通
出演⊙赤井英和、相楽晴子、麿赤児、大和武士

二十世紀少年読本
封切日＝一一月二三日　製作＝CBS・ソニーグループ
スタッフ▼監督＝林海象　**脚本**＝林海象
撮影＝長田勇市
出演⊙三上博史、佳村萠

一九九〇年

浪人街
封切日＝八月一八日　製作＝山田洋行ライトビジョン＝松竹＝日本テレビ
スタッフ▼監督＝黒木和雄　**原作**＝山上伊太郎　**脚本**＝笠原和夫　**撮影**＝高岩仁
出演⊙勝新太郎、石橋蓮司、樋口可南子、田中邦衛、杉田かおる

われに撃つ用意あり
封切日＝一一月一七日　製作＝松竹＝若松プロ
スタッフ▼監督＝若松孝二　**原作**＝佐々木譲　**脚本**＝丸内敏治　**撮影**＝伊藤英男
出演⊙桃井かおり、呂㛢菱、石橋蓮司

鉄拳
封切日＝一一月二三日　製作＝荒戸源次郎事務所
スタッフ▼監督＝阪本順治　**脚本**＝阪本順治　**撮影**＝笠松則通
出演⊙菅原文太、大和武士、桐島かれん

一九九一年

獅子王たちの夏
封切日＝一月一二日　製作＝G・カンパニー＝東亜興行
スタッフ▼監督＝高橋伴明　**脚本**＝金子正次、西岡琢也　**撮影**＝三好和宏
出演⊙哀川翔、的場浩司、香坂未幸

ラスト・フランケンシュタイン

封切日＝四月二〇日　製作＝バンダイ＝リットーミュージック＝ビーエフフィルム

スタッフ▼監督＝川村毅　**脚本**＝川村毅　**撮影**＝志賀洋一

出演⦿柄本明、余貴美子

キスより簡単2　漂流編

封切日＝五月一一日　製作＝若松プロ＝バンダイ

スタッフ▼監督＝若松孝二　**原作**＝石坂啓　**脚本**＝小野寺崇　**撮影**＝田中一成

出演⦿西條晴美、石橋蓮司

夢二

封切日＝五月三一日　製作＝荒戸源次郎事務所

スタッフ▼監督＝鈴木清順　**脚本**＝田中陽造　**撮影**＝藤沢順一

出演⦿沢田研二、毬谷友子、宮崎萬澄、広田玲央名、大楠道代、坂東玉三郎

無能の人

封切日＝一一月二日　製作＝ケイエスエス＝松竹第一興行

スタッフ▼監督＝竹中直人　**原作**＝つげ義春　**脚本**＝丸内敏治　**撮影**＝佐々木原保志

出演⦿竹中直人、風吹ジュン、山口美也子

一九九二年

いつかギラギラする日

封切日＝九月一二日　製作＝日本テレビ＝松竹第一興行

スタッフ▼監督＝深作欣二　**脚本**＝丸山昇一　**撮影**＝浜田毅

出演⦿萩原健一、木村一八、荻野目慶子、千葉真一、石橋蓮司

寝盗られ宗介

封切日＝一〇月三日　製作＝バンダイ

スタッフ▼監督＝若松孝二　**原作・脚本**＝つかこうへい　**撮影**＝鈴木達夫

出演⦿藤谷美和子、久我陽子、筧利夫

一九九三年

結婚

封切日＝四月二四日　製作＝セシール

スタッフ▼監督＝鈴木清順　**脚本**＝浦澤義雄　**撮影**＝藤沢順一

出演⦿陣内孝則、原田知世、原田貴和子

シンガポールスリング

封切日＝九月一一日　製作＝バンダイビジュアル

スタッフ▼監督＝若松孝二　**脚本**＝丸山誠治、上野火山、若松孝二　**撮影**＝鈴木達夫

出演⦿加藤雅也、秋吉満ちる

修羅場の人間学

封切日＝一一月一三日　**製作**＝東北新社＝東映ビデオ＝東映
スタッフ▼監督＝梶間俊一　**脚本**＝岡部耕大、掛札昌裕　**撮影**＝東原三郎
出演⦿高嶋政伸、南野陽子、的場浩司

中指姫　俺たちゃどうなる？

封切日＝一一月一三日　**製作**＝ソールドアウト＝ポニーキャニオン
スタッフ▼監督＝堤ユキヒコ　**脚本**＝遠藤察男　**撮影**＝東原三郎
出演⦿ブラザー・コーン、ブラザー・トム、田中律子

一九九四年

RAMPO　奥山監督版

封切日＝六月二十五日　**製作**＝RAMPO製作委員会
スタッフ▼監督＝奥山和由　**原作**＝江戸川乱歩　**脚本**＝奥山和由、榎祐平　**撮影**＝佐々木原保志
出演⦿本木雅弘、竹中直人、羽田美智子

一九九五年

ファザーファッカー

封切日＝六月一七日　**製作**＝フィルムメーカーズ＝ホリプロ＝ポニーキャニオン
スタッフ▼監督＝荒戸源次郎　**原作**＝内田春菊　**脚本**＝早岐五郎　**撮影**＝芦澤明子
出演⦿中村麻美、桃井かおり、秋山道男

眠れる美女

封切日＝一〇月一四日　**製作**＝横山博人プロ
スタッフ▼監督＝横山博人　**原作**＝川端康成　**脚本**＝石堂淑朗　**撮影**＝羽方義昌
出演⦿大西結花、吉行和子

ハンテッド

封切日＝一〇月一四日　**製作**＝デイヴィス・エンターテインメント（アメリカ映画）
スタッフ▼監督＝J・F・ロートン　**脚本**＝J・F・ロートン　**撮影**＝ジャック・コンロイ
出演⦿クリストファー・ランバート、ジョアン・チェン

一九九六年

陽炎II

封切日＝二月一〇日　**製作**＝松竹＝バンダイビジュアル
スタッフ▼監督＝橋本以蔵　**脚本**＝橋本以蔵　**撮影**＝藤石修
出演⦿高島礼子、小柳ルミ子

ビリケン

封切日＝八月三日　**製作**＝シネカノン＝イメージフォクトリー・アイエム＝テレビ東京
スタッフ▼監督＝阪本順治　**脚本**＝豊田利晃、阪本順治　**撮影**＝笠松則通

出演⊙杉本哲太、雁龍太郎、山口智子

海ほおずき

封切日＝九月二一日　製作＝フォーライフレコード＝ポニーキャニオン
スタッフ▼監督＝林海象　脚本＝唐十郎　撮影＝長田勇市
出演⊙唐十郎、タン・ナ

一九九七年

鬼火

封切日＝四月一九日　製作＝GAGA PRODUCTION
スタッフ▼監督＝望月六郎　原案＝山之内幸夫　脚本＝森岡利行　撮影＝今泉尚亮
出演⊙片岡礼子、哀川翔、奥田瑛二

恋極道

封切日＝九月六日　製作＝東映
スタッフ▼監督＝望月六郎　原作＝山之内幸夫、左近士諒　脚本＝成島出　撮影＝今泉尚亮
出演⊙夏生ゆうな、松岡俊介

ちんなねえ

封切日＝一二月二〇日　製作＝高知県＝高知県立美術館＝高知県文化財団＝映像探偵社
スタッフ▼監督＝林海象　撮影＝長田勇市
出演⊙麿赤児、大駱駝艦

一九九八年

プープーの桃語

封切日＝四月四日　製作＝リトル・モア
スタッフ▼監督＝渡辺謙作　原案＝MICKEY KENKEN BOO　脚本＝渡辺謙作　撮影＝村石直人
出演⊙上原さくら、松尾れい子

戦後在日五〇年史　在日

封切日＝一二月五日　製作＝映画『戦後在日五〇年史［在日］』製作委員会
スタッフ▼監督＝呉徳洙
❖ドキュメンタリーでナレーションを担当

一九九九年

ビッグ・ショー！　ハワイに唄えば

封切日＝五月一五日　製作＝シネカノン＝東宝＝日活
スタッフ▼監督＝井筒和幸　脚本＝安倍照男、塩田千種、金子弦二郎、井筒和幸　撮影＝浜田毅
出演⊙室井滋、尾藤イサオ、大森南朋

白痴

封切日＝一一月一三日　製作＝手塚プロ
スタッフ▼監督＝手塚眞　原作＝坂口安吾　脚本＝手塚眞　撮影＝藤澤順一
出演⊙浅野忠信、甲田美也子

二〇〇〇年

アナザヘヴン

封切日＝四月二九日　製作＝オメガ・プロジェクト＝松竹＝オフィス・トゥー・ワン＝ポニー

キャニオン＝テレビ朝日＝博報堂＝ヤン・エンタープライズ＝衛星劇場
スタッフ▼監督＝飯田譲治　**原作**＝飯田譲治、梓河人　**脚本**＝飯田譲治　**撮影**＝高瀬比呂志
出演⦿江口洋介、市川実和子

ざわざわ下北沢
封切日＝七月七日　製作＝ＰＵＧ　ＰＯＩＮＴ
スタッフ▼監督＝市川準　**原案**＝市川準　**脚本**＝佐藤信介　**撮影**＝蔦井孝洋
出演⦿北川智子、小澤征悦、りりィ

スリ
封切日＝一一月四日　製作＝アートポート＝衛星劇場
スタッフ▼監督＝黒木和雄　**脚本**＝真辺克彦、堤泰之、黒木和雄　**撮影**＝川上皓市
出演⦿風吹ジュン、真野きりな、柏原収史、伊佐山ひろ子

PARTY7
封切日＝一二月一六日　製作＝東北新社
スタッフ▼監督＝石井克人　**原作・脚本**＝石井克人　**撮影**＝町田博
出演⦿永瀬正敏、浅野忠信

二〇〇二年

KT
封切日＝五月三日　製作＝シネカノン＝衛星劇場＝デジタルサイトコリア＝毎日放送
スタッフ▼監督＝阪本順治　**原作**＝中薗英助　**脚本**＝荒井晴彦　**撮影**＝笠松則通
出演⦿佐藤浩市、キム・ガプス、チェ・イルファ

凶気の桜
封切日＝一〇月一九日　製作＝東映＝全国朝日放送＝東映ビデオ
スタッフ▼監督＝薗田賢次　**原作**＝ヒキタクニオ　**脚本**＝丸山昇一　**撮影**＝仙元誠三
出演⦿窪塚洋介、高橋マリ子、ＲＩＫＩＹＡ、須藤元気

二〇〇三年

あずみ
封切日＝五月一〇日　製作＝日本ヘラルド映画＝ＴＢＳ＝電通＝小学館＝アミューズピクチャーズ＝東宝＝セディック　インターナショナル＝トライストーン・エンタテインメント
スタッフ▼監督＝北村龍平　**原作**＝小山ゆう　**脚本**＝水島力也、桐山勲　**撮影**＝古谷巧
出演⦿上戸彩、成宮寛貴、瑛太、小栗旬、オダギリ　ジョー

ナイン・ソウルズ
封切日＝七月一九日　製作＝リトル・モア＝東北新社＝衛星劇場＝フィルムメイカーズ
スタッフ▼監督＝豊田利晃　**脚本**＝豊田利

晃　**撮影**＝藤澤順一
出演⊙松田龍平、千原浩史、鬼丸、板尾創路、KEE

昭和歌謡大全集

封切日＝一一月八日　製作＝光和インターナショナル＝バンダイビジュアル
スタッフ▼監督＝篠原哲雄　**原作**＝村上龍　**脚本**＝大森寿美男　**撮影**＝高瀬比呂志
出演⊙松田龍平、岸本加世子、樋口可南子、池内博之、安藤政信、鈴木砂羽

監督感染

封切日＝一一月二九日　製作＝ギャガ・コミュニケーションズ＝KDDI
スタッフ▼監督＝松岡俊介　**脚本**＝松岡俊介　**撮影**＝白石雅嗣
出演⊙加瀬亮、桃生亜希子

美しい夏キリシマ

封切日＝一二月六日　製作＝ランブルフィッシュ
スタッフ▼監督＝黒木和雄　**脚本**＝松田正隆、黒木和雄　**撮影**＝田村正毅
出演⊙柄本佑、左時枝、牧瀬里穂

二〇〇四年

HARUKO　ハルコ

封切日＝五月一日　製作＝フジテレビ
スタッフ▼監督＝野澤和之
❖ドキュメンタリーでナレーションを担当

天国の本屋　恋火

封切日＝六月五日　製作＝松竹＝電通＝衛星劇場＝S・D・P＝テレビ朝日
スタッフ▼監督＝篠原哲雄　**原作**＝松久淳、田中渉　**脚本**＝狗飼恭子、篠原哲雄　**撮影**＝上野彰吾
出演⊙竹内結子、玉山鉄次、香川照之

父と暮せば

封切日＝七月三一日　製作＝衛星劇場＝バンダイビジュアル＝日本スカイウェイ＝テレビ東京メディアネット＝葵プロ＝パル企画
スタッフ▼監督＝黒木和雄　**原作**＝井上ひさし　**脚色**＝黒木和雄、池田眞也　**撮影**＝鈴木達夫
出演⊙宮沢りえ、浅野忠信

IZO

封切日＝八月二一日　製作＝IZOパートナーズ
スタッフ▼監督＝三池崇史　**脚本**＝武知鎮典　**撮影**＝深沢伸行
出演⊙中山一也、桃井かおり、松田龍平、美木良介

ニワトリはハダシだ

封切日＝一一月一三日　製作＝シマフィルム＝ビーワイルド＝衛星劇場
スタッフ▼監督＝森﨑東　**脚本**＝近藤昭二、森﨑東　**撮影**＝浜田毅
出演⊙浜上竜也、肘井美佳、倍賞美津

子、守山玲愛、加瀬亮

二〇〇五年

あずみ Death or Love〈あずみ2 Death or Love〉

封切日＝三月一二日　製作＝日本ヘラルド映画＝TBS＝電通＝小学館＝東芝エンタテインメント＝アミューズソフトエンタテインメント＝東宝＝IMAGICA＝セディックインターナショナル＝トライストーン・エンタテイメント
スタッフ▽監督＝金子修介　**原作**＝小山ゆう　**脚本**＝水島力也、川尻義昭　**撮影**＝阪本善尚
出演⦿上戸彩、石黒佑麿、栗山千明、小栗旬

亡国のイージス

封切日＝七月三〇日　製作＝日本ヘラルド映画＝松竹＝電通＝バンダイビジュアル＝ジェネオン　エンタテインメント＝IMAGICA＝TOKYO　FM＝産経新聞社＝デスティニー
スタッフ▽監督＝阪本順治　**原作**＝福井晴敏　**脚本**＝長谷川康夫、飯田健三郎　**撮影**＝笠松則通
出演⦿真田広之、中井貴一、寺尾聰、佐藤浩市、勝地涼

ガラスの使徒

封切日＝一二月一七日　製作＝アートン
スタッフ▽監督＝金守珍　**原作・脚本**＝唐十郎　**撮影**＝猪本雅三
出演⦿唐十郎、佐藤めぐみ、稲荷卓史

二〇〇六年

ウォーターズ

封切日＝三月一一日　製作＝ギャガ・コミュニケーションズ
スタッフ▽監督＝西村了　**脚本**＝岡田俊平　**撮影**＝椋野直樹
出演⦿小栗旬、成海璃子、松尾敏史、須賀貴匡

花よりもなお

封切日＝六月三日　製作＝松竹＝エンジンフィルム＝テレビマンユニオン＝衛星劇場＝ジェイ・ストーム＝バンダイビジュアル＝TOKYO　FM
スタッフ▽監督＝是枝裕和　**原案**＝是枝裕和　**脚本**＝是枝裕和　**撮影**＝山崎裕
出演⦿岡田准一、宮沢りえ、古田新太

映画監督って何だ！

封切日＝一一月四日　製作＝日本映画監督協会
スタッフ▽監督＝伊藤俊也　**脚本**＝伊藤俊也　**撮影**＝長田勇市
出演⦿小泉今日子

日本の自転車泥棒

封切日＝一二月一日　製作＝PUG　POINT＝高橋忠事務所＝KOMS　SIFT＝

パラダイス・カフェ＝モンスターフィルムス
スタッフ▼監督＝高橋忠和　**脚本**＝沢樹舞　**撮影**＝半田也寸志
出演⊙杉本哲太

二〇〇七年

どろろ

封切日＝一月二七日　製作＝TBS＝ユニバーサル・ピクチャーズ・ジャパン＝電通＝MBS＝中部日本放送＝S・D・P＝ツインズジャパン＝RKB＝Yahoo! JAPAN＝WOWOW＝北海道放送＝朝日新聞社＝東京都ASA連合会
スタッフ▼監督＝塩田明彦　**原作**＝手塚治虫　**脚本**＝NAKA雅MURA、塩田明彦　**撮影**＝柴主高秀
出演⊙妻夫木聡、柴咲コウ、瑛太、中井貴一

オリヲン座からの招待状

封切日＝一一月三日　製作＝ウィルコ＝テレビ東京＝東映＝東映ビデオ＝集英社＝モブキャスト＝TVQ九州放送＝テレビ大阪＝テレビ愛知
スタッフ▼監督＝三枝健起　**原作**＝浅田次郎　**脚本**＝いながききよたか　**撮影**＝柳田裕男
出演⊙宮沢りえ、加瀬亮

Little DJ　小さな恋の物語

封切日＝一二月一五日　製作＝アットムービー
スタッフ▼監督＝永田琴　**原作**＝鬼塚忠　**脚本**＝三浦有為子、永田琴　**撮影**＝福本淳
出演⊙神木隆之介、福田麻由子、広末涼子

二〇〇八年

実録・連合赤軍　あさま山荘への道程

封切日＝三月一五日　製作＝若松プロ＝スコーレ
スタッフ▼監督＝若松孝二　**脚本**＝若松孝二、掛川正幸、大友麻子　**撮影**＝辻智彦、戸田義久
出演⊙坂井真紀、ARATA、並木愛枝、地曳豪、大西信満
❖ナレーションを担当

歩いても　歩いても

封切日＝六月二八日　製作＝エンジンフィルム＝バンダイビジュアル＝テレビマンユニオン＝衛星劇場＝シネカノン
スタッフ▼監督＝是枝裕和　**原作・脚本**＝是枝裕和　**撮影**＝山崎裕
出演⊙阿部寛、夏川結衣、YOU

火垂るの墓

封切日＝七月五日　製作＝テレビ東京＝バンダイビジュアル＝ポニーキャニオン＝衛星劇場＝佐久間製菓＝トルネード・フィルム＝ジョリー・ロジャー＝パル企画

スタッフ▼監督＝日向寺太郎　**原作**＝野坂昭如　**脚本**＝西岡琢也　**撮影**＝川上皓市
出演⊙吉武怜朗、畠山彩奈

たみおのしあわせ

封切日＝七月一九日　製作＝スタイルジャム＝メディアファクトリー＝ビーワイルド
スタッフ▼監督＝岩松了　**脚本**＝岩松了　**撮影**＝山崎裕
出演⊙オダギリジョー、麻生久美子、小林薫

二〇〇九年

ウルトラミラクルラブストーリー

封切日＝六月六日　製作＝フィルムメイカーズ＝バップ＝日活＝WOWOW＝ホリプロ＝日販＝角川書店＝ミュージック・オン・ティーヴィ
スタッフ▼監督＝横浜聡子　**脚本**＝横浜聡子　**撮影**＝近藤龍人
出演⊙松山ケンイチ、麻生久美子、ノゾエ征爾、渡辺美佐子

黄金花　秘すれば花、死すれば蝶

封切日＝一一月二一日　製作＝プロジェクトラム＝エアプレーン　レーベル＝太秦
スタッフ▼監督＝木村威夫　**脚本**＝木村威夫　**撮影**＝小川真司
出演⊙松坂慶子、川津祐介、松浦智恵子、三條美紀

二〇一〇年

マンホールチルドレン

封切日＝二月六日　製作＝えふぶんの壱
スタッフ▼監督＝高橋太郎
❖ドキュメンタリーでナレーションを担当

座頭市　THE LAST

封切日＝五月二九日　製作＝フジテレビ＝セディックインターナショナル＝ジェイ・ドリーム＝セルロイドドリームス＝FNS27社
スタッフ▼監督＝阪本順治　**原作**＝子母澤寛　**脚本**＝山岸きくみ　**撮影**＝笠松則通
出演⊙香取慎吾、石原さとみ、倍賞千恵子、仲代達矢

ロストクライム　閃光

封切日＝七月三日　製作＝角川映画＝朝日新聞社＝角川書店＝NTTドコモ
スタッフ▼監督＝伊藤俊也　**原作**＝永瀬隼介　**脚本**＝長坂秀佳、伊藤俊也　**撮影**＝鈴木達夫
出演⊙渡辺大、奥田瑛二、川村ゆきえ、武田真治

二〇一一年

奇跡

封切日＝六月一一日　製作＝ジェイアール東日本企画＝バンダイビジュアル＝白組＝ギャガ＝衛星劇場＝毎日放送＝RKB毎日放送＝Yahoo!JAPAN＝ジェイアール西日本コミュニケーションズ＝ディーライツ＝西

日本新聞社＝エフエム福岡＝中国放送＝熊本放送＝南日本放送＝J－WAVE＝ジェイアール九州エージェンシー
スタッフ▼監督＝是枝裕和　**脚本**＝是枝裕和　**撮影**＝山崎裕
出演⊙前田航基、前田旺太郎、大塚寧々、オダギリジョー

大鹿村騒動記

封切日＝七月一六日　製作＝セディックインターナショナル＝パパドゥ＝関西テレビ＝講談社＝TOKYO FM＝KNHO
スタッフ▼監督＝阪本順治　**脚本**＝阪本順治、荒井晴彦　**撮影**＝笠松則通
出演⊙大楠道代、岸部一徳、佐藤浩市、松たか子、石橋蓮司

《その他の映像作品》

夕映えに明日は消えた

製作年＝一九七三年　製作＝東京映画
スタッフ▼監督＝西村潔　**脚本**＝笹沢左保、ジェームス三木　**撮影**＝市原康至
出演⊙中村敦夫
❖未公開

クライムハンター　怒りの銃弾

発売＝一九八九年三月　製作＝東映ビデオ
スタッフ▼監督＝　**脚本**＝大川俊道　**撮影**＝間宮庸介
出演⊙世良公則、又野誠治、竹内力
❖Vシネマ

兇悪の紋章

発売＝一九九〇年六月　製作＝東映ビデオ
スタッフ▼監督＝成田裕介　**脚本**＝生島治郎　**脚本**＝日暮裕一　**撮影**＝栢野直樹
出演⊙又野誠治、世良公則、武田久美子
❖Vシネマ

12tweLve 天願大介の12幕その4／12

製作年＝一九九六年
スタッフ▼製作＝天願大介
出演⊙黒沢あすか
❖雑誌『TECHwin』の付録CD－ROM

新世界

製作年＝二〇〇一年

スタッフ▼監督＝阪本順治

❖「第16回国民文化祭・ぐんま2001inたかさき」で制作・上映された短篇

熊本物語　おんな国衆一機

製作年＝二〇〇二年

スタッフ▼監督＝三池崇史　脚本＝江良至

撮影＝山本英夫

❖DVD

僕らは静かに消えてゆく

発売＝二〇〇四年五月一九日

スタッフ▼監督＝高木聡

出演⦿山崎まさよし

❖山崎まさよしの同名楽曲DVDに収録された短篇映画

動かない体で生きる私の、それでも幸せな日常

製作年＝二〇〇八年

スタッフ▼監督＝内田英恵

❖ドキュメンタリーでナレーションを担当

YUKIミュージックビデオ　うれしくって抱き合うよ

発売＝二〇一〇年二月一七日

スタッフ▼監督＝犬童一心

出演⦿YUKI

❖YUKIの同名楽曲のプロモーション・ビデオ

火の魚　バリアフリー劇場版

封切日＝二〇一二年六月二三日　製作＝日本放送協会

スタッフ▼監督＝黒崎博　原作＝室生犀星

脚本＝渡辺あや　撮影＝持田立、前田真作

出演⦿尾野真千子

❖二〇〇九年テレビ作品の劇場公開版

EDEN

封切日＝二〇一二年一一月一七日　製作＝映画『EDEN』フィルムパートナーズ

スタッフ▼監督＝武正晴　脚本＝船戸与一

脚本＝羽原大介、李鳳宇　撮影＝鍋島淳裕

出演⦿山本太郎、中村ゆり、高橋和也

❖企画を担当

《テレビドラマ》

一九六六年

若者たち

放送期間＝二月七日～九月三〇日(全三四回)
放送＝フジテレビ
演出＝戸崎春雄　**脚本**＝菅孝行　**出演**＝田中邦衛、橋本功、山本圭、佐藤オリエ
❖第三〇回「橋よ　いつの日か…」に出演

記念樹

放送期間＝四月五日～一九六七年二月一四日(全四六回)　放送＝TBS
演出＝川頭義郎ほか　**原作**＝木下恵介
脚本＝山田太一ほか　**出演**＝馬渕晴子
❖第四三回に出演

虹の橋

放送期間＝一二月八日～一五日(全二回)　放送＝フジテレビ
演出＝小林俊一　**原作**＝大佛次郎　**脚本**＝加藤泰　**出演**＝片岡千恵蔵、桜町弘子

一九六七年

天下の青年

放送期間＝四月三日～七月一〇日(全一五回)
放送＝フジテレビ
演出＝杉江敏男ほか　**原作**＝　**脚本**＝才賀明ほか　**出演**＝沢井桂子、富士真奈美

泣いてたまるか

放送日＝一〇月一日　放送＝TBS
演出＝今井正　**脚本**＝家城巳代治　**出演**＝渥美清、岩崎加根子
❖第五五回「兄と妹」に出演

霧の旗

放送期間＝一〇月五日～二六日(全四回)　放送＝NET
演出＝奈良井仁一　**原作**＝松本清張　**脚本**＝須川栄三　**出演**＝芦田伸介、広瀬みさ

一九六八年

十一番目の志士

放送期間＝六月一三日～八月一五日(全一〇回)　放送＝NET
演出＝木村哲夫　**原作**＝司馬遼太郎　**脚本**＝山田信夫　**出演**＝加藤剛、栗原小巻

おじゃまさま

放送期間＝九月一四日～一一月三〇日(全一二回)　放送＝日本テレビ
演出＝田中康隆ほか　**脚本**＝松田暢子ほか　**出演**＝森繁久彌、夏八木勲

三匹の侍

放送日＝一〇月一〇日　放送＝フジテレビ
演出＝内野満寿男　**原作**＝五社英雄、柴英三郎、細野耕三　**脚本**＝野上達雄　**出演**＝平幹次朗、加藤剛、長門勇
❖第二話「噛ませ犬」に出演

日本の幸福

放送日＝一一月二四日　放送＝日本テレビ
演出＝都築忠彦　**脚本**＝福田善之、佐藤信　**出演**＝木内みどり、串田和美

一九六九年

五番目の刑事

放送期間＝一〇月二日～一九七〇年三月二六日　放送＝NET
演出＝石川義寛　**原案**＝高木謙　**脚本**＝池田一朗、石森史郎　**出演**＝工藤堅太郎、桑山正一、常田富士男、中村竹弥、加藤武

一九七〇年

霧氷の影

放送期間＝一二月四日～二五日（全四回）　放送＝フジテレビ
演出＝宇留田俊夫　**原作**＝松本清張　**脚本**＝清水邦夫　**出演**＝浜美枝、菅貫太郎、大谷直子

一九七一年

2丁目3番地

放送期間＝一月二日～三月二七日（全一三回）　放送＝日本テレビ
演出＝石橋冠、早川恒夫　**脚本**＝倉本聰ほか　**出演**＝浅丘ルリ子、石坂浩二

春の坂道

放送期間＝一月三日～一二月二六日（全五二回）　放送＝NHK
演出＝小林利雄ほか　**原作**＝山岡荘八　**脚本**＝杉山義法　**出演**＝中村錦之助、芥川比呂志、京塚昌子

蝶と山女魚の物語

放送日＝一月四日　放送＝NET
演出＝大村哲夫　**原作**＝伊藤桂一　**脚本**＝小幡欣治　**出演**＝吉永小百合、加藤剛

天皇の世紀　第二回「野火」

放送日＝九月一一日　放送＝NET
演出＝下村尭二　**原作**＝大佛次郎　**脚本**＝石堂淑朗　**出演**＝高橋長英、武原英子

天皇の世紀　第五回「大獄」

放送日＝一〇月二日　放送＝NET
演出＝今井正　**原作**＝大佛次郎　**脚本**＝本田英郎　**出演**＝天知茂、田村正和

天皇の世紀　第十一回「決起」

放送日＝一一月一三日　放送＝NET
演出＝下村尭二　**原作**＝大佛次郎　**脚本**＝新藤兼人、松田昭三　**出演**＝原田大二

郎、田村亮

一九七二年

木枯し紋次郎　第1部

放送期間＝一月一日～二月二六日（全九回）　放送＝フジテレビ

演出＝市川崑ほか　**原作**＝笹沢左保　**脚本**＝服部佳ほか　**出演**＝中村敦夫

❖第三回に出演

3丁目4番地

放送期間＝一月八日～四月八日（全一四回）　放送＝日本テレビ

演出＝石橋冠　**脚本**＝倉本聰　**出演**＝浅丘ルリ子、石坂浩二

鉄道100年　大いなる旅路

放送期間＝四月二日～一〇月一五日（全二九回）　放送＝日本テレビ

演出＝中川信夫ほか　**脚本**＝井手雅人ほか　**出演**＝竜雷太、光本幸子

氷壁

放送期間＝四月五日～五月三日（全五回）　放送＝NHK

演出＝中山三雄　**原作**＝井上靖　**脚本**＝倉本聰　**出演**＝司葉子、森雅之

愛について

放送期間＝九月四日～二九日（全二〇回）　放送＝NHK

演出＝松井恒夫　**原作**＝大岡昇平　**脚本**＝山内久　**出演**＝浅丘ルリ子、松岡きっこ

股旅USA

放送期間＝一〇月一日～（全一二回）　放送＝NET

演出＝黒沢久男ほか　**出演**＝渡辺篤史、篠ひろ子、麻田浩

冬物語

放送期間＝一一月一三日～一九七三年四月一六日（全二三回）　放送＝日本テレビ

演出＝石橋冠ほか　**脚本**＝清水邦夫ほか　**出演**＝浅丘ルリ子、高松英郎、津川雅彦

姉妹の恋した人

放送日＝一二月九日　放送＝日本テレビ

出演＝范文雀、中野良子、佐野周二

一九七三年

荒木又衛門

放送日＝一月二五日　放送＝NET

演出＝森一生　**脚本**＝高岩肇　**出演**＝大原麗子、太田博之

真夜中の警視

放送期間＝四月三日～五月一五日（全七回）　放送＝関西テレビ

演出＝小野田嘉幹ほか　**脚本**＝橋本忍ほか　**出演**＝中野良子、門岳五郎、菅貫太

郎

さよなら・今日は

放送期間＝一〇月六日～一九七四年三月三〇日　放送＝日本テレビ
演出＝石橋冠ほか　**脚本**＝林秀彦、清水邦夫ほか　**出演**＝浅丘ルリ子、山村聰

一九七四年

風の町

放送期間＝六月二〇日～九月一二日（全一三回）　放送＝TBS
演出＝鈴木利正ほか　**脚本**＝砂田量爾ほか　**出演**＝十朱幸代、火野正平

一九七五年

座頭市物語

放送期間＝一九七四年一〇月三日～一九七五年四月一七日（全二六回）　放送＝フジテレビ
演出＝井上昭ほか　**原作**＝子母沢寛　**脚本**＝直井欽哉ほか　**出演**＝勝新太郎

❖第一三話「潮風に舞った千両くじ」に出演

裏切りの明日

放送期間＝一月三一日～三月二八日（全九回）
放送＝TBS
演出＝山田和也ほか　**原作**＝結城昌治
脚本＝早坂暁　**出演**＝倍賞美津子、地井武男

夏の宴

放送日＝六月八日　放送＝中部日本放送
演出＝村上正樹　**脚本**＝中島丈博　**出演**＝高橋恵子、乙羽信子、原田大二郎

痛快！河内山宗俊

放送期間＝一〇月六日～一九七六年三月二九日（全二六回）　放送＝フジテレビ
演出＝三隈研次、工藤栄一ほか　**脚本**＝直居欽哉ほか　**出演**＝勝新太郎、火野正平、桃井かおり

一九七六年

二丁目の未亡人は、やせダンプといわれる凄い子連れママ

放送期間＝三月二〇日～五月八日（全八回）
放送＝日本テレビ
演出＝石橋冠　**脚本**＝清水邦夫　**出演**＝浅丘ルリ子、山崎努

夫婦旅日記　さらば浪人

放送期間＝四月五日～九月二七日（全二五回）
放送＝フジテレビ
演出＝黒木和雄ほか　**原作**＝山本周五郎
脚本＝中村努ほか　**出演**＝藤田まこと、中村玉緒
❖第一四話「弱虫侍と豪傑の決闘」に出演

一九七七年

新・座頭市　第1シリーズ

放送期間＝一九七六年一〇月四日～一九七七年四月二五日（全二九回）　放送＝フジテレビ

演出＝黒木和雄ほか　**原作**＝子母沢寛　**脚本**＝中村努ほか　**出演**＝勝新太郎、江波杏子

❖第二三回「幽霊が市を招いた」に出演

追いかけろ！　カージャック！　恐怖の人妻24時間

放送日＝七月二三日　放送＝テレビ朝日

演出＝小澤啓一　**原案**＝岡田裕　**脚本**＝佐治乾　**出演**＝村野武範、倍賞美津子

秋日記

放送期間＝九月二四日〜一二月二四日（全一四回）　放送＝日本テレビ

演出＝石橋冠　**脚本**＝清水邦夫　**出演**＝浅丘ルリ子、伊藤洋一

一九七九年

たとえば、愛

放送期間＝一月一一日〜四月五日（全一三回）

放送＝TBS

演出＝井上靖央ほか　**脚本**＝倉本聰　**出演**＝大原麗子、津川雅彦、荒木一郎

過程の秘密

放送日＝二月一〇日　放送＝テレビ朝日

演出＝藤田敏八　**原作**＝藤原審爾　**脚本**＝武末勝　**出演**＝宮下順子、長門裕之

新・座頭市　第3シリーズ

放送期間＝四月一六日〜一一月一九日（全二六回）　放送＝フジテレビ

演出＝黒木和雄ほか　**原作**＝子母沢寛　**脚本**＝中村努ほか　**出演**＝勝新太郎、稲川順子

❖第一一回「人情まわり舞台」に出演

穴の牙

放送日＝九月二三日　放送＝関西テレビ

演出＝鈴木清順　**原作**＝土屋隆夫　**脚本**＝大和屋竺　**出演**＝藤田まこと、稲川順子

甦える日日

放送期間＝一〇月一六日〜一九八〇年一月八日　放送＝日本テレビ

演出＝野末和夫ほか　**脚本**＝菊島隆三ほか　**出演**＝十朱幸代、沖雅也

一九八〇年

警視－K

放送期間＝一〇月七日〜一二月三〇日　放送＝日本テレビ

演出＝勝新太郎ほか　**原作**＝佐木隆三　**脚本**＝勝新太郎ほか　**出演**＝勝新太郎、奥村真粧美

❖第五回に出演

一九八一年

映画スター殺人事件　花嫁のさけび

放送日＝六月六日　放送＝テレビ朝日

演出＝渡辺祐介　**原作**＝泡坂妻夫　**脚本**

＝安倍徹郎　**出演**＝島田陽子、山口崇

さよならも言わずに消えた！

放送日＝一〇月二〇日　放送＝日本テレビ
演出＝石橋冠　**原作**＝ポーラ・ゴスリング　**脚本**＝清水邦夫　**出演**＝桃井かおり、世良公則

ポーツマスの旗　全四部

放送期間＝一二月五日～一二月一二日　放送＝NHK
演出＝中村克史、布施実　**原作**＝吉村昭
脚本＝大野靖子　**出演**＝石坂浩二、秋吉久美子

一九八二年

ラストチャンス

放送日＝一月二八日　放送＝テレビ朝日
演出＝小澤啓一　**原作**＝草野唯雄　**脚本**＝松田寛夫　**出演**＝大谷直子、尾藤イサオ

カムバック・ガール

放送期間＝二月三日～三月三一日(全九回)
放送＝毎日放送
演出＝河合義隆ほか　**脚本**＝森崎東ほか
出演＝浅丘ルリ子、山城新伍

妻はなぜ私を裏切ったか

放送日＝八月二八日　放送＝TBS
演出＝近藤邦勝　**脚本**＝鎌田敏夫　**出演**＝篠ひろ子、かとうかずこ、藤田弓子

一九八三年

寂しすぎた女　雑誌の男女交際欄にしかけられた甘い罠

放送日＝五月一七日　放送＝日本テレビ
演出＝池広一夫　**原作**＝ドミニック・ルーレ　**脚本**＝石松愛弘　**出演**＝多岐川裕美、平田満

夏に恋する女たち

放送期間＝八月五日～九月三〇日(全九回)
放送＝TBS
演出＝大山勝美ほか　**脚本**＝田向正健ほか　**出演**＝田村正和、名取裕子

一九八四年

白い誘惑

放送日＝三月三一日　放送＝TBS
演出＝近藤邦勝　**脚本**＝西沢裕子　**出演**＝美保純、前田武彦

なんで結婚　だって結婚

放送日＝七月二日　放送＝TBS
演出＝近藤邦勝　**脚本**＝筒井ともみ　**出演**＝いしだゆあみ、樋口可南子

なぜかドラキュラ

放送期間＝一〇月八日～一九八五年一月七日(全一三回)　放送＝日本テレビ
演出＝田中和己ほか　**原案**＝松木ひろし
脚本＝松木ひろし、布施博一　**出演**＝タ

モリ、坂口良子

西部警察スペシャル　さよなら西部警察　大門死す!・男たちよ永遠に…

放送日＝一〇月二二日　放送＝テレビ朝日

演出＝小澤啓一　**脚本**＝永原秀一、峯尾基三　**出演**＝石原裕次郎、渡哲也、舘ひろし

一九八五年

白い薔薇の女

放送日＝一月八日　放送＝日本テレビ

演出＝伊藤祥二　**脚本**＝内藤誠、桂千穂

出演＝三田佳子、宮本信子、岸部一徳

盗写1/250秒

放送日＝二月六日　放送＝日本テレビ

演出＝原田真人　**脚本**＝原田真人　**出演**＝斎藤慶子、宇崎竜童

わるいやつら

放送日＝四月二日　放送＝日本テレビ

演出＝山根成之　**原作**＝松本清張　**脚本**＝大野靖子　**出演**＝古谷一行、名取裕子

夫婦生活

放送期間＝六月二一日～八月二三日(全一〇回)　放送＝TBS

演出＝近藤邦勝ほか　**脚本**＝田向正勝

出演＝名高達郎、桃井かおり

家政婦・織枝の体験3

放送日＝一二月一一日　放送＝TBS

演出＝服部晴治　**脚本**＝清水曙美　**出演**＝大竹しのぶ、加藤茶、木の実ナナ

一九八六年

徳川風雲録　御三家の野望

放送日＝一月二日　放送＝テレビ東京

演出＝大洲斉　**原作**＝柴田錬三郎、南原幹雄　**脚本**＝志村正浩ほか　**出演**＝北大路欣也、市川歌右衛門

親にはナイショで…

放送期間＝一月一〇日～三月二八日(全一二回)　放送＝TBS

演出＝市川哲夫ほか　**原案**＝康珍化　**脚本**＝山元清多ほか　**出演**＝安田成美、柳沢慎吾

徳川風雲録　御三家の野望

放送期間＝四月一〇日～七月三日　放送＝テレビ東京

演出＝大洲斉　**原作**＝柴田錬三郎　**脚本**＝志村正浩　**出演**＝北大路欣也、市川歌右衛門

❖一月二日に放映された一二時間ドラマ『徳川風雲録　御三家の野望』の再編集版

ワインレッドの罠

放送日＝四月一五日　放送＝日本テレビ

演出＝石橋冠　**脚本**＝黒土三男　**出演**＝樋口可南子、岡田真澄

二十歳の祭り　コーラスライン達の危うい青春

放送日＝七月三〇日　放送＝TBS
演出＝生野慈朗　**脚本**＝金子成人　**出演**＝河合その子、市毛良枝

マンションの鍵貸します

放送日＝一二月二四日　放送＝TBS
演出＝山泉脩　**原作**＝阿久悠　**脚本**＝佐伯俊道　**出演**＝小堺一機、洞口依子

一九八七年

独眼竜正宗

放送期間＝一月四日〜一二月一三日(全五〇回)　放送＝NHK
演出＝樋口昌弘ほか　**原作**＝山岡荘八
脚本＝ジェームス三木　**出演**＝渡辺謙、北大路欣也、岩下志麻

誰知らぬ殺意

放送日＝四月二〇日　放送＝関西テレビ
演出＝関本郁夫　**原作**＝夏樹静子　**脚本**＝押川國秋　**出演**＝和由布子、織本順吉

What's マイケル？Ⅱ

放送日＝七月二七日　放送＝フジテレビ
演出＝佐藤健光　**原作**＝小林まこと　**脚本**＝桑田健司　**出演**＝小比類巻かほる、芦川よしみ

女と男

放送日＝一〇月二六日　放送＝関西テレビ
演出＝横山博人　**脚本**＝冨川元文　**出演**＝樋口可南子、四谷シモン

荒野のテレビマン

放送期間＝一一月一六日〜一二月二一日(全六回)　放送＝フジテレビ
演出＝猪原達三　**脚本**＝扇澤延男　**出演**＝東山紀之、坂口良子

一九八八年

Mの悲劇

放送期間＝一月四日〜一月一八日(全三回)
放送＝関西テレビ
演出＝神代辰巳　**原作**＝夏樹静子　**脚本**＝神代辰巳、竹山洋　**出演**＝名取裕子、宅麻伸

痛快！ロックンロール通り

放送期間＝一月八日〜三月二五日(全一二回)
放送＝TBS
演出＝生野慈朗ほか　**脚本**＝矢島正雄
出演＝沢口靖子、後藤久美子、三浦洋一
❖カメオ出演

カフェオリエンタル

放送日＝三月二八日　放送＝関西テレビ
演出＝神代辰巳　**原作**＝森瑤子　**脚本**＝

中村努　**出演**＝桃井かおり、金澤碧

夏の埋み火

放送日＝六月一九日　放送＝毎日放送

演出＝鈴木晴之　**脚本**＝金子成人　**出演**＝篠ひろ子、高原駿雄

赤の追想

放送日＝七月二五日　放送＝関西テレビ

演出＝小山幹夫　**原作**＝泡坂妻夫　**脚本**＝竹山洋　**出演**＝樋口可南子、杉本哲太

孔雀警視と銀座の恋の物語

放送日＝八月六日　放送＝TBS

演出＝長谷部安春　**原作**＝志茂田景樹　**脚本**＝佐伯俊道　**出演**＝賀来千香子、石黒賢

一九八九年

痛快！ロックンロール通り　ファイナル

放送日＝三月三〇日　放送＝TBS

演出＝森山享　**脚本**＝矢島正雄　**出演**＝沢口靖子、後藤久美子、三浦洋一

ゴリラ　警視庁捜査第8班

放送期間＝四月二日〜一九九〇年四月八日（全四六回）　放送＝テレビ朝日

演出＝小澤啓一ほか　**脚本**＝峯尾基三ほか　**出演**＝渡哲也、舘ひろし

❖第一話「ポリス・アドベンチャー」に出演

その人の名を知らず

放送期間＝五月三日〜五月五日（全三回）　放送＝NHK

演出＝平山武之　**脚本**＝大野靖子　**出演**＝田中裕子、藤竜也

炎の挽歌

放送日＝五月一二日　放送＝フジテレビ

演出＝高野正雄　**脚本**＝石原武龍　**出演**＝近藤真彦、夏八木勲、五十嵐いずみ

六本木メランコリー

放送日＝七月三一日　放送＝関西テレビ

原作＝山崎洋子　**脚本**＝鹿水晶子　**出演**＝岩下志麻、高橋ひとみ、小坂一也

私のカレは三代目

放送日＝一一月二七日　放送＝TBS

演出＝猪原達三　**脚本**＝石原武龍、橋塚慎一　**出演**＝近藤真彦、鈴木保奈美

一九九一年

続・蒲田行進曲　銀ちゃんが行く

放送日＝一二月三〇日　放送＝TBS

演出＝伊藤輝夫　**原作**＝つかこうへい　**脚本**＝つかこうへい　**出演**＝石橋貴明、木梨憲武、南果歩

一九九二年

崖ふちの真実　〜山形新幹線から消えた女〜

放送日＝九月二八日　放送＝テレビ東京
演出＝藤田敏八　**原作**＝夏樹静子　**脚本**＝竹山洋　**出演**＝かたせ梨乃、川上泳

一九九三年

悪魔のKISS
放送期間＝七月七日〜九月二二日　放送＝フジテレビ
演出＝林徹ほか　**脚本**＝吉田紀子　**出演**＝奥山佳恵、深津絵里、常盤貴子

バスガイド愛子　これが最後の恋
放送日＝八月三〇日　放送＝TBS
演出＝栗山富夫　**脚本**＝水谷龍二　**出演**＝市原悦子、別所哲也

一九九四年

美味しんぼ　超豪華珍品グルメフグ&タイ究極の味くらべ!!これがホンモノの料理だ!!
放送日＝一月七日　放送＝フジテレビ
演出＝藤田明二　**原作**＝雁屋哲、花咲アキラ　**脚本**＝土屋斗紀雄　**出演**＝唐沢寿明、石田ゆり子

女王蜂
放送日＝四月四日　放送＝TBS
演出＝関本郁夫　**原作**＝横溝正史　**脚本**＝和久田正明　**出演**＝古谷一行、沢田亜矢子

家族A
放送期間＝一〇月一三日〜一二月八日　放送＝TBS
演出＝森山享ほか　**脚本**＝友澤晃、遠藤察男　**出演**＝野村宏伸、夏川結衣

一九九五年

リング　事故か!変死か!4つの命を奪う少女の怨念
放送日＝八月一一日　放送＝フジテレビ
演出＝瀧川治水　**原作**＝鈴木光司　**脚本**＝飯田譲治、祖師谷大蔵　**出演**＝高橋克典、三浦綺音

一九九六年

新宿鮫　屍蘭
放送期間＝五月一九日〜六月九日(全四回)
放送＝NHK　BS2
演出＝石橋冠　**原作**＝大沢在昌　**脚本**＝今野勉　**出演**＝舘ひろし、黒木瞳

一九九七年

毛利元就
放送期間＝一月五日〜一二月一四日(全五〇回)　放送＝NHK
演出＝松岡孝治ほか　**原作**＝永井路子
脚本＝内館牧子　**出演**＝中村橋之助、富田靖子

恋愛キャリア活用会社
放送日＝七月二一日　放送＝NHK

演出＝渡辺一貴　**脚本**＝石井信之　**出演**＝森山良子、さとう珠緒

一九九八年

ブラザーズ　BROTHERS

放送期間＝四月一三日〜六月二九日　放送＝フジテレビ

演出＝永山耕三ほか　**脚本**＝橋部敦子、金子ありさ　**出演**＝中居正広、木村佳乃

一九九九年

加賀百万石　〜母と子の戦国サバイバル〜

放送日＝一月一日　放送＝NHK　BS9

演出＝望月良雄　**原作**＝津本陽　**脚本**＝大野靖子　**出演**＝松坂慶子、里見浩太朗

舞妓さんは名探偵！

放送期間＝四月一五日〜六月一七日　放送＝テレビ朝日

演出＝中野昌宏ほか　**原作**＝山村美紗　**脚本**＝橋本以蔵ほか　**出演**＝酒井美紀、原田龍二

オルガンの家で

放送日＝一〇月九日　放送＝NHK

演出＝谷口卓敬　**脚本**＝矢島正雄　**出演**＝木村佳乃、鈴木一真

二〇〇〇年

アナザヘヴン　eclipse

放送期間＝四月二〇日〜六月二九日（全一一回）　放送＝テレビ朝日

演出＝飯田譲治ほか　**原作**＝飯田譲治、梓河人　**脚本**＝飯田譲治　**出演**＝大沢たかお、加藤晴彦、本上まなみ

桜桃の実る谷

放送期間＝八月一九日〜八月二六日（全二回）

放送＝NHK

演出＝佐藤峰世、馬功偉　**脚本**＝下川博　**出演**＝中村トオル、游琳妹

二〇〇一年

茉莉子

放送日＝六月二日　放送＝NHK　HV

演出＝黛りんたろう　**原作**＝夏樹静子　**脚本**＝筒井ともみ　**出演**＝新山千春、倍賞美津子

茂七の事件簿　ふしぎ草紙

放送期間＝六月二九日〜九月二一日（全一〇回）　放送＝NHK

演出＝石橋冠ほか　**原作**＝宮部みゆき　**脚本**＝金子成人　**出演**＝高橋英樹、淡路恵子

二〇〇二年

撃つ薔薇

放送日＝三月三一日　放送＝WOWOW

演出＝麻生学　**原作**＝大沢在昌　**脚本**＝

柏原寛司　**出演**＝松尾れい子、杉本哲太

夏の日の恋～Summer Time～
放送期間＝六月二四日～七月二九日(全六回)
放送＝NHK
演出＝石橋冠、中島由貴　**脚本**＝山田珠美　**出演**＝岩下志麻、松坂慶子、緒形直人

私立探偵　濱マイク
放送期間＝七月一日～九月一六日(全一二回)
放送＝読売テレビ
演出＝青山真治ほか　**原作**＝林海象　**脚本**＝青山真治ほか　**出演**＝永瀬正敏
❖第六話「名前のない森」に出演

東京庭付き一戸建て
放送期間＝七月一〇日～九月四日(全九回)
放送＝日本テレビ
演出＝三枝孝臣ほか　**脚本**＝森下佳子
出演＝松本明子、菊川怜

出発(たびだち)
放送日＝一一月二〇日　放送＝NHK　BS-hi
演出＝吉村芳之　**脚本**＝金子成人　**出演**＝伊勢将人、渡辺謙

二〇〇三年

ブラックジャックによろしく
放送期間＝四月一一日～六月二〇日(全一一回)　放送＝TBS
演出＝平野俊一ほか　**原作**＝佐藤秀峰
脚本＝後藤法子　**出演**＝妻夫木聡、鈴木京香

タイムリミット
放送日＝六月二五日　放送＝TBS
演出＝林海象　**脚本**＝木田紀生、利重剛、荻生田忠治、林海象　**出演**＝竹野内豊、緒形拳

ヤンキー母校に帰る
放送期間＝一〇月一〇日～一二月一二日(全一〇回)　放送＝TBS
演出＝今井夏木ほか　**原作**＝義家弘介
脚本＝飯野陽子、いずみ吉紘　**出演**＝竹野内豊、余貴美子

二〇〇四年

砂の器
放送期間＝一月一八日～三月二八日(全一一回)　放送＝TBS
演出＝福澤克雄ほか　**原作**＝松本清張
脚本＝龍居由佳里　**出演**＝中居正広、松雪泰子、渡辺謙

逃亡者
放送期間＝七月一八日～九月二六日(全一一回)　放送＝TBS
演出＝平野俊一ほか　**脚本**＝渡邊睦月、

飯野陽子　**出演**＝江口洋介、阿部寛、水野美紀

二〇〇五年

大化改新

放送期間＝一月一日～一月二日（全二回）　放送＝NHK-hi

演出＝片岡敬司　**脚本**＝池端俊策　**出演**＝岡田准一、渡部篤郎

義経

放送期間＝一月九日～一二月一一日（全四九回）　放送＝NHK

演出＝黛りんたろうほか　**原作**＝宮尾登美子　**脚本**＝金子成人、川上英幸　**出演**＝滝沢秀行

❖第三三話「弁慶走る」に出演

ハチロー　～母の詩、父の詩～

放送期間＝一月二四日～三月二一日（全九回）　放送＝NHK

演出＝富沢正幸　**原作**＝佐藤愛子　**脚本**＝田向正健　**出演**＝唐沢寿明、原田美枝子

「黄落、その後」～命輝くとき～

放送日＝二月二七日　放送＝テレビ東京

演出＝石橋冠　**原作**＝佐江衆一　**脚本**＝鎌田敏夫　**出演**＝市原悦子、愛川欽也、小林桂樹

ヤンキー母校に帰る　～旅立ちの時　不良少年の夢

放送日＝三月二七日　放送＝TBS

演出＝荒井光明　**原作**＝義家弘介　**脚本**＝飯野陽子　**出演**＝櫻井翔、松田翔太、夏目夏希

エンジン

放送期間＝四月一八日～六月二七日（全一一回）　放送＝フジテレビ

演出＝西谷弘ほか　**脚本**＝井上由美子　**出演**＝木村拓哉、小雪、堺雅人

二〇〇六年

ウォーカーズ　WALKERS　迷子の大人たち

放送期間＝一一月一一日～一二月二日（全四回）　放送＝NHK

演出＝望月良雄、黒崎博　**脚本**＝鈴木聡　**出演**＝江口洋介、三浦友和、風吹ジュン

二〇〇七年

きらきら研修医

放送期間＝一月一一日～三月二二日　放送＝TBS

演出＝今井夏木ほか　**原作**＝織田うさこ　**脚本**＝荒井修子、徳永友一　**出演**＝小西真奈美、ウエンツ瑛士

二〇〇八年

おシャシャのシャン！

放送日＝一月一〇日　放送＝NHK
演出＝松浦善之助　**脚本**＝坂口理子　**出演**＝田畑智子、尾上松也、伊佐山ひろ子、藤村俊二

刑事の現場

放送期間＝三月一日～三月二九日（全四回）
放送＝NHK　HV
演出＝柳川強ほか　**脚本**＝尾西兼一、三上幸四郎　**出演**＝寺尾聰、森山未來、池脇千鶴
❖第二話「48時間の壁」に出演

二〇〇九年

白洲次郎

放送期間＝二月二八日～九月二三日（全三回）
放送＝NHK
演出＝大友啓史ほか　**原案**＝北康利、牧山桂子　**脚本**＝近衛はな、大友啓史　**出演**＝伊勢谷友介、中谷美紀

春さらば～おばあちゃん天国に財布はいらないよ～

放送日＝三月二五日　放送＝テレビ東京
演出＝阿部雄一　**脚本**＝井上由美子　**出演**＝夏川結衣、市原悦子

火の魚

放送日＝七月二四日　放送＝NHK
演出＝黒崎博　**原作**＝室生犀生　**脚本**＝渡辺あや　**出演**＝尾野真千子

不毛地帯

放送期間＝一〇月一五日～二〇一〇年三月一一日（全一九回）　放送＝フジテレビ
演出＝澤田鎌作ほか　**原作**＝山崎豊子
脚本＝橋部敦子　**出演**＝唐沢寿明、和久井映見

二〇一〇年

新参者

放送期間＝四月一八日～六月二〇日（全一〇回）　放送＝TBS
演出＝山室大輔ほか　**原作**＝東野圭吾
脚本＝真野勝成、牧野圭祐　**出演**＝阿部寛、原田美枝子
❖第四話「時計屋の犬」に出演

二〇一一年

高校生レストラン

放送期間＝五月七日～七月二日（全九回）　放送＝日本テレビ
演出＝吉野洋ほか　**原作**＝村林新吾　**脚本**＝吉本昌弘、山崎淳也、根本ノンジ
出演＝松岡昌宏、吹石一恵、伊藤英明

テレビその他

ザ・ノンフィクション　西木正明／対馬国境紀行　海峡は証言する
放送年＝一九九〇年　放送＝フジテレビ
❖ナレーションを担当

ドキュメンタリー'90　さよなら千里馬　在日朝鮮人ボクサー・10年の軌跡
放送年＝一九九〇年　放送＝NHK
❖ナレーションを担当

ドキュメンタリー　やっぱり人間が面白い
放送年＝一九九〇年　放送＝フジテレビ
❖ナレーションを担当

新日本探訪　海へ　～異郷に生きる海女たち～
放送年＝一九九二年　放送＝NHK
❖ナレーションを担当

NHKスペシャル　海・大紀行　第2回　カリブ海幻想　～失われた楽園伝説～
放送年＝一九九二年　放送＝NHK
❖ナレーションを担当

明治青春伝　孫文と宮崎四兄弟・アジアの自由と独立の旗の下に
放送年＝一九九三年　放送＝テレビ熊本
❖ナレーションを担当

驚きものの木20世紀　少年Aの伝説・尾崎豊の肖像
放送年＝一九九三年　放送＝テレビ朝日
❖ナレーションを担当

ネイチャリング・スペシャル
放送年＝一九九三年　放送＝テレビ朝日
❖ナレーションを担当

ニュースステーション「西島洋介山」
放送年＝一九九三年　放送＝テレビ朝日
❖ナレーションを担当

テレメンタリー'93　夢を駆けた男
放送年＝一九九三年　放送＝テレビ山形
❖ナレーションを担当

野坂昭如戦争童話集　忘れてはイケナイ物語
放送日＝一九九六年八月一四日　放送＝NHK　BS2
演出、原作＝野坂昭如　**脚本、出演**

❖アニメーションでナレーションを担当

野坂昭如の〝戦争童話集〟「小さな潜水艦に恋したでかすぎるクジラの話」
放送日＝一九九七年八月一二日　放送＝NHK　BS2
原作＝野坂昭如　**脚本、出演**
❖アニメーションでナレーションを担当

野坂昭如の〝戦争童話集〟ウィークエンドスペシャル
放送日＝一九九七年八月三〇日　放送＝NHK　BS2
演出、原作＝野坂昭如　**脚本、出演**
❖アニメーションでナレーションを担当

ザ・スクープ　わが子への殺意・検証金属バット殺人事件
放送年＝一九九七年　放送＝テレビ朝日
❖ナレーションを担当

神々の詩　聖なる森　キナバタンガン〜ボルネオ
放送年＝一九九七年　放送＝TBS
❖ナレーションを担当

ザ・ノンフィクション　山谷ドヤ街聖母と野宿人の物語
放送年＝一九九八年　放送＝フジテレビ
❖ナレーションを担当

感動エクスプレス　小林幸子の海峡物語
放送年＝一九九八年　放送＝フジテレビ
❖ナレーションを担当

金曜スペシャル　hide ever free_hideが残したメッセージ
放送年＝一九九八年　放送＝NHK　BS2
❖ナレーションを担当

生涯もの書き　いのちと向き合う作家・笹沢左保
放送年＝一九九八年　放送＝NHK
❖ナレーションを担当

榎木孝明の薬草マンダラ紀行　立山・インド・チベット　健康と癒しの旅
放送年＝一九九九年　放送＝フジテレビ
❖ナレーションを担当

ハイビジョンドキュメンタリー　熊野〜不死の国の物語
放送年＝一九九九年　放送＝NHK　BS hi
❖ナレーションを担当

JUDY AND MARY　ありがとう。バイバイ。
放送年＝二〇〇一年　放送＝NHK　BS2
❖ナレーションを担当

素敵な宇宙船地球号
放送年＝二〇〇一年　放送＝朝日放送
❖ナレーションを担当

ザ・ノンフィクション　迷宮ゴールデン街　新人ディレクター漂流記
放送年＝二〇〇四年　放送＝フジテレビ
❖ナレーションを担当

緊急特番「北朝鮮スペシャル」
放送年＝二〇〇四年　放送＝テレビ朝日
❖ナレーションを担当

ETV特集　第1部「ぶつかり合いから芸術が生まれる」(下町の芸術家夫婦の物語)、第2部「キックオフ」
放送年＝二〇〇五年　放送＝NHK教育
❖ナレーションを担当

新説！〜ナスカ地上絵〜浮かばれた刻印の真実
放送年＝二〇〇六年　放送＝TBS
❖ナレーションを担当

ETV特集　戦争へのまなざし　映画作家・黒木和雄の世界
放送年＝二〇〇六年　放送＝NHK教育
❖ナレーションを担当

鉄子の旅
放送年＝二〇〇七年　放送＝CSファミリー劇場
❖オープニング・ナレーションを担当

ETV特集　〝見えない〟を生きる　鳥居寮・中途失明者の日々
放送年＝二〇〇八年　放送＝NHK
❖ナレーションを担当

世界のディーバ　男と女の物語　ビリー・ホリデイ　〝ろくでなし〟の恋
放送年＝二〇〇八年　放送＝NHK　BS Hi
❖ナレーションを担当

鉄道模型ちゃんねる
放送年＝二〇〇八年　放送＝BSジャパン
❖ナレーションを担当

マンホールチルドレン
放送年＝二〇〇八年　放送＝NHK
❖ナレーションを担当

職のプライド
放送年＝二〇〇九年　放送＝日本テレビ
❖ナレーションを担当

『浪人街』撮影現場で

受賞一覧

1975……第49回キネマ旬報ベスト・テン 助演男優賞（祭りの準備）、第18回ブルーリボン賞 助演男優賞（祭りの準備、田園に死す）

1978……第4回映画ファンの為の祭り 助演男優賞（オレンジロード急行）、文芸坐フィルムフェスティバル邦画の部 男優編第1位

1989……第63回キネマ旬報ベスト・テン 助演男優賞（どついたるねん）、第44回毎日映画コンクール 男優助演賞（どついたるねん）、第14回報知映画賞 最優秀助演男優賞（どついたるねん）、第11回ヨコハマ映画祭 日本映画男優賞（どついたるねん、出張、キスより簡単、ほか）、第14回くまもと映画祭 日本映画男優賞（どついたるねん）、第15回おおさか映画祭 助演男優賞（どついたるねん）

1990……第4回高崎映画祭 主演男優賞（キスより簡単）、日刊スポーツ映画大賞 主演男優賞（われに撃つ用意あり、浪人街）、第12回ヨコハマ映画祭 特別大賞（われに撃つ用意あり、浪人街）、第33回ブルーリボン賞 主演男優賞（われに撃つ用意あり、浪人街）

1991……第14回日本アカデミー賞 優秀主演男優賞（浪人街、われに撃つ用意あり）

1992……第6回高崎映画祭 助演男優賞（夢二）、日刊スポーツ映画大賞主演男優賞（寝盗られ宗介）、第66回キネマ旬報ベスト・テン 主演男優賞（寝盗られ宗介）

1993……第16回日本アカデミー賞 優秀主演男優賞（寝盗られ宗介）

1997……第19回ヨコハマ映画祭 主演男優賞（鬼火）、第52回毎日映画コンクール男優助演賞（鬼火）、第23回おおさか映画祭 主演男優賞（鬼火）

2000……第74回キネマ旬報ベスト・テン 日本映画主演男優賞（スリ、ざわざわ下北沢、PARTY 7）、日本映画批評家大賞 男優賞（スリ、ざわざわ下北沢）

2003……春の紫綬褒章

2004……第29回報知映画賞 最優秀助演男優賞（美しい夏キリシマ、父と暮せば、ニワトリはハダシだ）、映画鑑賞団体全国連絡会議（全国映連賞）男優賞（父と暮せば、美しい夏キリシマ）

2011……旭日小綬章、第36回報知映画賞 特別賞（大鹿村騒動記）、第85回キネマ旬報ベスト・テン 日本映画主演男優賞（大鹿村騒動記）、第33回ヨコハマ映画祭 最優秀男優賞、第54回ブルーリボン賞 特別賞、第35回日本アカデミー賞 最優秀主演男優賞（大鹿村騒動記）／会長特別賞、おおさかシネマフェスティバル2012 特別賞

本文索引

作品

注＝（　）のないものは映画

あ行

か行

人物

『寝盗られ宗介』写真提供：松竹

『無宿人御子神の丈吉
川風に過去は流れた』

原田章代……はらだ・あきよ

岡山生まれ。早稲田大学第二文学部演劇専修卒業。在学中に演劇研究会に所属し、卒業後、俳優座の製作部に入る。1970年に原田芳雄と結婚、俳優座を退社。1988年に原田芳雄が所属する俳優事務所「ギルド・B」を立ち上げ、代表取締役社長に。長男にミュージシャンの原田喧太、長女に女優の原田麻由。俳人協会会員。句集『遊』(2012、日之出出版)。茶道裏千家準教授。

山根貞男……やまね・さだお

1939年、大阪生まれ。映画評論家。大阪外国語大学フランス語学科卒業。1986年より『キネマ旬報』にて「日本映画時評」を書き続けており、2010年までの連載が『日本映画時評集成(全三巻)』(国書刊行会)に纏められている。主な著書に『映画狩り』(現代企画室)、『活劇の行方』(草思社)、『増村保造　意志としてのエロス』(筑摩書房)、『映画の貌』(みすず書房)、『マキノ雅弘　映画という祭り』(新潮選書)などがある。

協力(敬称略)

ギルド・B
株式会社オフィスロータス
鈴木達夫
❖
アートルーム
ギャガ株式会社
芸映
松竹株式会社
書肆子午線
株式会社青土社
株式会社セディック・インターナショナル
池林坊
東宝株式会社
日活株式会社
株式会社リトルモア
若松プロダクション

俳優 原田芳雄

2020年2月29日　初版第1刷

著者……原田章代　山根貞男
カバー写真撮影……荒木経惟
ブックデザイン……鈴木一誌＋大河原哲＋下田麻亜也

発行人……星野晃志
発行所……株式会社キネマ旬報社
〒104-0061
東京都中央区銀座5丁目14-8
銀座ワカホビル
TEL 03-6268-9701（代表）
FAX 03-6268-9713

印刷・製本……株式会社 精興社

ISBN 978-4-87376-469-6

『寝盗られ宗介』
写真提供：松竹

『大鹿村騒動記』撮影現場で